中國學術思想研究輯刊

三五編
林慶彰 主編

第11冊

王心齋與中晚明儒學的轉折
——兼論道德自我與社會人倫的衝突與和諧(上)

潘玉愛 著

花木蘭文化事業有限公司

國家圖書館出版品預行編目資料

王心齋與中晚明儒學的轉折——兼論道德自我與社會人倫的
衝突與和諧（上）／潘玉愛 著 -- 初版 -- 新北市：花木蘭文
化事業有限公司，2022〔民 111〕
目 4+152 面；19×26 公分
（中國學術思想研究輯刊 三五編；第 11 冊）
ISBN 978-986-518-813-9（精裝）
1.CST：（明）王艮 2.CST：學術思想 3.CST：明代哲學
4.CST：儒學
030.8   110022428

ISBN-978-986-518-813-9

中國學術思想研究輯刊
三五編　第十一冊　　　　　ISBN：978-986-518-813-9

王心齋與中晚明儒學的轉折
——兼論道德自我與社會人倫的衝突與和諧（上）

作　　者　潘玉愛
主　　編　林慶彰
總 編 輯　杜潔祥
副總編輯　楊嘉樂
編輯主任　許郁翎
編　　輯　張雅淋、潘玟靜、劉子瑄　美術編輯　陳逸婷
出　　版　花木蘭文化事業有限公司
發 行 人　高小娟
聯絡地址　235 新北市中和區中安街七二號十三樓
　　　　　電話：02-2923-1455 ／傳真：02-2923-1452
網　　址　http://www.huamulan.tw 信箱 service@huamulans.com
印　　刷　普羅文化出版廣告事業
封面設計　劉開工作室
初　　版　2022 年 3 月
定　　價　三五編 23 冊（精裝）新台幣 62,000 元

王心齋與中晚明儒學的轉折
——兼論道德自我與社會人倫的衝突與和諧(上)

潘玉愛　著

作者簡介

潘玉愛，輔仁大學哲學系博士，曾任元培科技大學、耕莘健康管理專科學校、東吳大學、長庚大學、國立高雄大學、台南應用科技大學、台北市立大學通識中心兼任教師和文藻外語學院專案教師。現任玉林師範學院政法學院內聘副教授，教授《中國哲學史》、《思辨與選擇》、《人與自然的對話》、《當代世界熱點問題》等課程，主要研究方向宋明理學、應用倫理，曾合撰《科技倫理——走在鋼索上的幸福》、《公民與社會》、《中文大學堂》等書，合編注《思光華梵講詞：哈伯瑪斯論事實性與規範性》，公開期刊發表 10 篇，學術論文 34 篇。

提　要

　　本文從外部問題探討中晚明的社會，以及儒者的心理意識為核心，展開探討中晚明期儒學，在長期理學的態式之下發展後，所產生的內部問題與批判，再往外層政治、經濟的問題，後確立儒士的心態。其次，細觀王心齋個體的本體工夫的存有論，再論王心齋對於儒家社群建構，所開展出的儒士社會實踐。再者，檢視王心齋後泰州學派的群己觀，就王襞、王棟、耿定向、李贄等人的型態討論其形上心靈，又針對中晚明儒學內部的批判，發掘當時疑難的問題意識。再返回至整體關係之中，探論中晚明儒者所論的聖人與經世的義涵，探察聖人與經世的論述脈絡。最後，以中晚明儒家與西方哲學自由主義與社群主義的交涉，審視中晚明儒家是與社群主義的主張較為相應，王心齋的哲學精神與特質是較近於自由主義，但其公共論述的模式不同；王心齋對於社會的建構是以德性教化，羅爾斯是以契約權利，所以對於公義概念，王心齋稍可見其社會正義的雛型，也以均分的觀念，如以上有冊下有票的方式，而羅爾斯是以客觀的正義原則進行社會分配。

　　在王心齋與中晚明儒學的轉折，探究後發現中晚明儒學已有自由的因子，良知學的提出是前因，而王心齋與王龍溪、泰州學派則是在儒、佛交流下，促使儒學有更鮮明的自由的基礎，尤其生存權的方面，無疑是提出一種人人平等的宣聲，但不是透過契約論的型態，而是透過德行教化的方式觸動人心，使社會有所自覺，以柔性與漸進的方式推動中晚明的發展與前進，即便在當時素以經世為己任的東林學派，也是僅以道德經世一說，這不可諱言是一種德治思維的教化模式，正如同麥金泰爾對於社群主義的論述，個體在相互關係下界定其個體的身份與責任，而此責任不是基於一種義務，而是出於對於個體自身美善真的追求，如此開出許多人文的向度：宗教、藝術、政治或其他等等。道德自我與社會人倫，從《大學》中所揭示是由個體到群體，個體是群體的基礎，群體的個體的完成，道德自我與社會人倫，從《大學》中所揭示是由個體到群體，個體是群體的基礎，群體的個體的完成，道德自我與社會人倫即是如此交互作用與影響，在倫理行為上亦是為了統一兩者，達至最高的善（和諧），而王心齋與泰州之門人，在中晚明乃是為通往和諧過程的奮鬥，所以呈顯一種衝突性，但若如王陽明的順應政權與當時思潮，中晚明思想的啟蒙可能延至清代，仍舊不會有經世致用的發展。

目

次

第一章　導　論

　　本章闡明此論題的生成要素，乃於三方面展開：一是研究動機，提出本研究論題的形成原因與論題的核心價值與目的；二是檢討目前學界的研究成果，如對於王心齋或有關泰州學派研究的方法、立場、取材、或成果之優缺，進而提供本論題可茲研究或效法之處，並避免重述既有之成果；三綜上兩點，而論述吾文所採之何種研究方法進行論題的討論，並且進行研究範域之釐界，而明確論題的導向與範圍。冀希藉由以上的界說，使得研究論題能鮮明的烘托與呈顯。

一、研究之緣起與意義

　　哲學一名詞的躍現，它對於中國而言是一門外來的、陌生的學門。吾人居身為一個學習哲學多年的人，對此浩瀚的學問，能窺得牆之一角，並始終保持高度的好奇心，乃因哲學之中的智慧。同時對於一個身處於當今教育體制下的學習者而言，一面為學問的無窮性驚嘆，悠遊於其間，又一面為達成於體制之內的階段性的任務，因而整裝啟程。

　　首先，釐清吾人所從事的工作內容。由之，必須回答哲學究竟是什麼？這樣的問題。倘若哲學是一種針對由於無知而被接受（ignorantly entertained）的學說的心靈態度，吾人以為所謂的哲學的態度，正如懷德海（Alfred North Whitehead，1861～1947）所指出：「是一種堅決的嘗試，以擴大對每一個成為我們當前意識的概念之應用範圍的理解」〔註1〕，此乃是他的「歷程哲學」的

〔註 1〕阿爾弗萊德・懷德海，《思想方式》（MODES OF HOUGHT），北京：華夏出版社，1991 年，頁 151。

出發處，而嘗試對思想的語言表達，進行逐字逐句的發問，拒絕人云亦云的預設。因此，從個人的意義、表達、理解出發，進而提出研究論題，此乃肇因於內在的因緣，與筆者個人生命與學習中國哲學的歷程有關；外在的因緣，則是以此時代的脈動與社會現象的問題。由此，內、外的助緣，讓吾人論題展開試驗性的冒險。

在碩士時研究的論題，是以當代新儒家的先驅梁漱溟為核心。當時，研究他的教育思想，所感是他更貼近當時中國社會，多數下層民眾的需求，讓民眾有機會接觸儒家思想精微之處，梁漱溟即是如此，一種平民儒者；從而，讓我思索到：智慧的傳遞不該僅留於學院，更要走出庭臺樓閣，有助於社會與人群，而不是坐於紙簍堆中憑空造作。因此，就從梁漱溟作為始基，追溯這「異質性」的儒學精神與特質。就梁漱溟而言，他自幼受儒學薰陶，但卻逆其家學，心喜於佛家的寂空，身夾於佛學與儒學的思想矛盾中，直到家變後，他開始思考他的生命關懷究竟是什麼？因而，開啟另一扇窗，梁漱溟無意之間，發現了儒家有自然之樂的觀點，他說：「於初轉入儒家，使我得門而入的，是明儒王心齋先生；他最稱頌自然，我便如此而對儒家的意思有所理會」〔註2〕。從此，他離開原本心醉的佛學，而踏入關懷現世的儒家之域。王艮（1483～1450），字汝止，號心齋，為江蘇泰州之安豐場人。王心齋乃是泰州之學的開創人，他曾受於陽明門下，他體現中晚明時期的儒家學者的存在，面對時代的問題與意識，促使他一直關注於文化的面向，以此作為他思考詮釋傳統的歸向，因他體會到此時代的問題一形上迷失、道德迷失、存在迷失。在同時期，即有相雷同的討論，如以先天本體問題（性質及作用）作為探究之路，如王畿；另一條路則是歐陽德、錢德洪等，及明末東林學者皆是重視後天的致良知工夫之考察。不管是先天或後天的途徑，都是由於發生意義危機，他們都試圖在儒學的價值之中，找到自身安立的良方，進而傳播所得之儒家的價值，給予所需之人。因此，筆者如能通過對他們的探究，並假此途徑為現今我們所處之時代的問題——社會的脫序、價值的混淆，而嘗試踏上山徑，邁向尋找藥方的旅程。

另外，激發吾人研究的內在動能是對儒家學說內涵的傾慕，所以致力於從儒學的理論著眼；又因自身的研究經歷從既有的成果上再深化，追究到宋

〔註 2〕見梁漱溟，《朝話》，《梁漱溟全集第二卷》，濟南：山東大學人民出版社，1994年，頁 126。

明理學的範域。基此，開始從人的存在處境上思考：人一方面是面對自身，另一方面則須面對人人（即仁），孟子言：「仁也者，人也。合而言之，道也。」《孟子‧盡心》。這論題不僅涉及個人的心性，也要必須關涉到當時的社會、文化脈動，它不再是平面、靜態的活動，而是活潑、躍動的型態。在碩士研究教育思想時，所思考的核心是教育者與被教的對象，其實就是研究「人」的問題，這不僅關涉教育本質的確立，也聯繫著人的內涵與形式，即是心性的問題。在中國哲學史上，對於心性的討論是宋明理學家們所關注，他們背負著聖學的傳統，試圖去回答人意義與價值的問題，以促使「成聖」預設的提出，由之，心性論是理學家們的學說所關切的問題與導向。

而後，在修習宋明儒學課程時，特意關注王心齋的思想，也開始瞭解泰州學派。泰州學派之名的出現是於晚明時，編《泰州學志》所賦予，而黃宗羲採之，以學群與方志兼綜的歸類，而形成泰州學案所稱之。因此，一般若依於黃宗羲的觀點，再仔細的檢視其成員籍貫，我們會發現這些人並非同出於泰州，而是來自不同地域。許多學者對於宋明學術的發展，因此有不同的分系的提出，也或許我們應該重新再檢視王心齋與泰州學派〔註3〕。王心齋對明代理學過渡到清代實學有重要的指標性，除將儒學的知識下導於民眾，使民眾亦可參與擴展儒學的發展，還表現出在反省、思辨朱王以來傳統的儒學理論。它的異質使其不受學院或菁英階層中傳統保守派（右派）〔註4〕的歡迎，又不受官方的認同，因它的訴求來自百姓日用的宣聲，是一種平民儒學的典範。

從儒家理論內部看，它的價值選取是究竟聖人與聖學，那一種是真正儒者的生命依託，而此包含二重的結構——內聖與外王的緊張與拉鋸，或說是同時兼顧形上與形下的兩層次，又或是一種社會理想與個體自由的糾結。簡而言之，在儒家堅持的價值是：道德自我社會人倫該如何取得平衡、和諧？亦如海德格（Martin Heidegger，1889～1976）亦言人的存在（Dasein）是一種「在世存有」（Being-in-the-world），這含有兩重意義：一是人的存在已經涵蓋世界之內，一是每個人都只是眾生中的「某一」〔註5〕。此乃基於人所面對的

〔註3〕暫且以其共同的特質上指稱泰州之學，於正文第四章中，將進一步的辨明。
〔註4〕相對是左派，此乃是西方學術上所使用的語詞，對於早期研究中晚明的研究者多延用此說法，如島田虔次、嵇文甫。
〔註5〕陳嘉映編著，《存在與時間讀本》（BEING AND TIME），北京：生活‧讀書‧新知三聯書店，1999 年，頁 39～42。

存在狀態，這身之為人無法回避的處境，而對宋明理學家而言，亦是如此，但是存在主義以此為前題提出人的疏離感，這樣的感受性，對於一個真正的儒者而言，是無法體會地，係因儒家是以道德的形上基礎為他們背後的支撐，使他們「在當下的參與」存在，開啟另外一種生命體知，往往透過道德自我與社會人倫的衝突與和諧顯示，所以他們沒有「虛無」的感受，而是更真切面對人的存在意義價值的根源。

這樣的向度並非憑空而降，而是經由一番寒徹骨的生命處境的磨難、思辨而來，他們面對時代中的困境，而產生出個體與群體的衝突與抗爭，才能獲取甜美的果實，而中晚明有一群擔負衝破網羅的儒士，正是直接參與此活動；或說是一種儒者的宿命，總是思考著：人要如何兼處於個體與社會的倫序規範之中，它是關涉著形上（本體）與形下（工夫）的焦慮與緊張關係之中，這困惑著儒者，因為他們自居為理性的道德主體，本真迫切的要求其自身，無法迴避這個問題。此種意義使命，如影隨形的追迫著他們，要他們於兩難困境中抉擇與實踐道德。這在宋明理學家的身上，是很鮮明的呈顯，他們面對道德的形上課題，也同時擺盪於個體與群體的問題之間。在中國哲學史上，不斷的重覆這樣的問題，只是不同時代以不同面貌展現，有如在先秦老子，批評道德與天下之關係是「失道而後失德」；於魏晉時名士，以玄學的方式解消自然與名教的衝突；在明代泰州，而是以儒家心靈哲學解消儒學理論，與外在環境的衝突；到民國嚴重禮教失和，即以五四運動的新文化運動替代。

這樣的史脈潛藏於中國文化問題之中，一直沒斷過，此乃是人存在的問題夾處、徘徊，於社會人倫與道德自我的要求之間。在宋明理學的意識的出發處，是以「天理人欲」（公私之辨）的問題，而具體的事實可從明末清初的學者身上略見，他們對於明亡的態度是：有些人是以悲烈、抗爭的方式，如劉宗周（1578～1645，字起東，別號念台，又稱蕺山先生）以不食殉國；黃宗羲（梨洲，1610～1695）參加反清的行動，這些是在儒家價值抉擇之下的行為，說明他們不自絕於生命之外，以此選擇表達自我和人倫的超拔；但也有將此歸罪於「王學」末流，其中包括顧炎武（亭林，1613～1682）與王夫之（船山，1619～1692）。「王學亡明」的命題提出時，即意味著傳統（世儒）對峙反傳統（王學），而泰州學派首當其衝，所持立場是不同於當時儒學的傳統，標榜以「自立宇宙，不傍人門戶」的學風，而形成泰州學派的特質與精神。

　　然而，在同時代學者的評價上，褒貶各陳：如劉蕺山、李二曲相當推崇泰州學派的創始者王心齋，而貶責其後人；有如東林學派的顧憲成（端文，1550～1612）指責其曰：「心隱輩坐在利欲膠漆盆中，所以能鼓動得人，只緣他一種聰明，亦自有不可到處。」（《明儒學案·泰州學案一》卷三十二），而黃宗羲從王學的學術立場批評他們：「陽明先生之學，有泰州龍谿而風行天下，亦因泰州龍谿而漸失其傳。泰州龍谿時時不滿其師說，益啟瞿曇之秘而歸之師，蓋躋陽明而為禪矣。」（《明儒學案·泰州學案一》卷三十二）。而王夫之則是批評李贄（卓吾，1527～1602）的思想，似如「逾於洪水，烈於猛獸」（《讀通鑑論·敍論》卷末）。當時，學者對於明末的王學末流多有批評，以學術亡國的立論，而提出王學末流造成人心的空疏盪越，致使明朝的覆亡，這無疑強調了學統對道統的影響，一方是據因於學術的省察，以確立自身的學術立場，另一方面是提供重整社會價值與道德的線索。然而，在當代學者對泰州學派的觀點，是不同於當時的儒者：有如錢穆認為：

> 守仁的良知學，本來可說是一種社會大眾的哲學，但落到社會大眾手裡，自然在士大夫階層中不同。單從這一點講，我們卻該認泰州一派為王學的唯一真傳。〔註6〕

他肯定泰州學派的平民化與普及性。而牟宗三特別看重王心齋之後的羅汝芳，稱其「順泰州派家風作真實工夫，以拆穿良知本身之光景，使之真流行於日用之間，而言平常、自然、灑脫與樂者，乃羅近溪。」〔註7〕，這些評價已跳脫時代的限制，是以學術與身份的立場。因此，與明末儒者的貶抑，明顯有不同的取向。對於泰州的問題，黃宗羲以宏觀兼微觀的歷史觀檢視，認為：「羲以為非其聰明，正其學術也。」（《明儒學案·泰州學案一》卷三二）。綜匯兩方之說，此說明泰州學派所引導的風氣是主張平民化、具實踐性，一反傳統官方儒教羈拌的清新氣象。

　　吾人以王心齋的視域為核心，看到中晚明儒學在長期理學的發展後，所產生的內部問題。再藉由不同視域與觀點，如近代學者（正）、時儒（反）兩極性的視域下，再重新審視王心齋與中晚明儒學的問題，或許可以更瞭解王心齋的哲學問題，亦能更確切的掌握問題的線索。從而，不但對哲學家思想的蘊育、發展與局限都能有整體性的透析，也可省察到中晚明儒學的轉折。

〔註6〕錢穆：《宋明理學概述》，台北：學生書局，1977年，頁237。
〔註7〕牟宗三：《從陸象山到劉蕺山》，上海：上海古籍出版社，2001年，頁204。

若分層而論，還可以達到幾部份的釐清：第一，能使王心齋置身於強調良知的話語下，顯現其所思考問題的不同切入處；第二，透過王心齋的身處，亦可相襯出其他學派別之間心性的問題差異，也能知悉研究王心齋者於何處誤解，而導致其所持觀點的異向，或者他們未發現王心齋思想內深層的意蘊；第三，透過前所觀照，加入明、清與近、當代儒者們的視角，再重新審視王心齋與泰州學派，發掘出兩方的理論與觀點；第四，再綜合第一、二、三點，追問此論的意義與價值；第五，以前四點的結果，提出王心齋與中晚明儒學的表現，與所持的觀點與當代西方理論對話，尋找兩方可提供出對於現今社會有助益，或學術上可茲借鏡之處。

如果哲學的用處是在於闡明社會系統的基本觀念，並保持一種活潑而新鮮的特性，於此，或許我們該立於在進退皆宜的位置，就哲學的方式是省察某一哲學系統的基本論題與理論。吾人以一個研究儒學的人，同樣地提出：人的存在處是什麼？面對當代中國哲學中的儒家學說，究竟能提供什麼養份？還有什麼可耕耘或朗現的？吾人發現回答這問題，必須追問到個體與群體的關係。吾人在王心齋與中晚明儒學的轉折中發現，它可透顯，也尋找出儒家學說的社會精神與最原初的觀念和基本命題。為何當時儒者會認為心性的問題可以動搖一國之興亡？究竟他們是受制於意識型態的障蔽之下，還是只流於一種傳統與反傳統的對峙？或是這一切都朝向個體與群體之間的調合而引起的立場不同，而所採觀點的差異？又或是政治文化思潮的緣故？

中晚明正值「封閉性社會」與「開放性社會」的過渡期，亦如今日我們的社會面對「開發中」與「已開發」國家之列，可否依於這問題進行省察？我們通過對現今社會中的現象一一檢視，會發現似乎重演相同的問題——道德自我（個體）和社會人倫（群體）的衝突，由表層看這問題會以為是不相同，但若深層的追究，會發現他們有共同的指向處。就今而言，也正上演同樣的戲碼，如東林學派顧端文所指陳，人心與社會的薰利，人人單以個人需求為導向，追求短暫的、物質上的滿足，而忽略了群體與個體的和諧，使得社會、文化種種亂象紛呈。唐君毅於《人文精神之重建》論及儒家的個體與全體相涵的人生觀中提到：「中國之傳統思想之人生觀，不同於西方之個體主義集體主義，然而卻正是最尊重個人的道德責任及生活的情趣。」〔註8〕企能藉由本

〔註8〕唐君毅：《人文精神之重建》，香港：新亞研究所，1995年，頁242。

論所拋出個體與群體的疑惑，能促使人們願意重新找回儒家傳統內在的重要價值－道德自我與社會人倫的和諧，這是通向一個開放社會模式的先決條件，否則就陷入卡爾‧波普爾（Karl Popper，1902～1994）在《開放社會及其敵人》所指出的問題〔註9〕。據此，本文冀能跳脫中國哲學的思維限制，乃由王心齋、中晚明儒學與自由主義、社群主義的對話與轉化，深鑿儒學的內涵，並找尋出可相濟於未來的意義價值。從而，在中西文化交錯的年代中，希將儒家哲學的理念與思考的向度，提供給當今社會、文化，或將來社會的發展線索。

二、前人研究綜述與省察

　　哲學的活動是以前題進行推論，而進行探索的主題。而本論題所探討，是以附論道德自我與社會人倫的衝突與和諧，這論題的產生不僅因為它是當代的思潮中所關注的問題，更由於這論題是不圍於時空當中，而是從人的具體存在上思考，不論古今中外，只要是「人」都必須面對一個體與群體的關係，因問題所涉廣泛，所以設論於王心齋與中晚明儒學為觀照的核心。這是在中國文化的場域內所開顯出的哲學，絕非是憑空玄想而是從具體生活中觀照，產生出有益於當今與未來的意義理論。依此，吾人身為一個研究中國哲學的人，自期從事哲學專業的工作，不能僅僅是紹述古人的思想成果，或是停留在一種話語辭彙上的辨識，而是要探尋出哲學家理論背後所關切的問題，但問題的特質亦不能僅拘泥於時空之中，或只體現當時與哲學家的問題，而是要超出時空與變化之外，成為最後的基礎——它必須具有永恆與不變的特質。

　　本文從此取徑、討論理論與問題，所探究是一種普世的價值，將論題限定在中晚明儒學的轉折現象中觀察，不僅關注個別思想家的思想，更關心這時思想家們在思想背後所針對與聚焦的問題。另外，在處理中晚明儒學，或是凡研究明代哲學，都會面臨到一體兩面的難題：一面是喜，有一部記述明代思想的著作是黃宗羲的《明儒學案》，已收羅與整理成為一個具體系的資料庫，蓋以學案的方式呈顯，也已有標竿與評判立場，可供參考，他對於明代學術史的整理，有極宏偉的貢獻，不但樹立起學術史的方法與原則，更提綱挈領的指出明代理學的特性。雖近來有學者提出，他對於學派的歸屬只依地域劃分，而未顧及後學各個思想內容的疏異。《明儒學案》囿於歷史的時間與

〔註9〕集中批判柏拉圖、黑格爾、馬克思的社會政治哲學的批判上，認為他們的思想是構成現代極權主義的來源。

空間，是可以理解，但其對後世的啟迪卻不可抹滅。另一面是讓後來研究者擔憂的，黃宗羲不僅接近當時並有系統的記載與評述明代哲學。但他在〈明儒學案發凡〉中，更警醒的指出：「此編所列，有一偏之見，有相反之論。學者於其不同處，正宜著眼理會，所謂『一本萬殊』也。」〔註10〕由此之提點，我們研究者更該重視不同之處，而其所稟持的態度乃是一本萬殊的原理。

另外，他又以其師劉宗周的看法為前導，綜要的評論各學派的理論，若想要撼動其論是相當困難，而要跳過他的影響是更困難，因為此時思想與內容正如牛毛般龐雜，不但必須處理學派歸屬的問題，又要淘篩出儒、釋、道思想的判教問題，所面對龐大的資料整理與耙梳的工作。在研究明代哲學的文獻上，也因有《明儒學案》，也讓我們可以立於此研究成果的基礎上，往更深層的問題邁進，其更可貴之處在於以摘錄的方式，使某些思想家的著作與內容可保存於今。據此，可知它對研究明代哲學的重要性。而本論題的宗旨是以王心齋為核心展開，也因《明儒學案》以師承、地域或學術特性的分類方式，造成後來研究者的誤曲，所以本論文必須對於此部份做澄清。又因王心齋的身份的多重性：是王陽明的弟子，又是泰州之學的創始者，與當時的陽明後學與其他學派的學者往來密切，由此必須關涉許多思想家，故必須關注多層次的角度。如此，才能凸顯這論題所擔的任務、方法和立場。

瀏覽目前學界的研究成果，如坊間的著作與博、碩士論文，並未見與本論題相同的討論，但在期刊方面有祝平次所著之文是與本論題相類的〔註11〕，此文乃開啟吾人論題的產生與問題意識，有助於本文之處是直截地揭示出王心齋的哲學精神與所關注的社會問題，它的內容上平實地對泰州學派思想的紹述，以學派思想發生的先後紹述人物與事蹟，因其是一短篇論文，其論僅點到為止，尚有許多言所未盡之處，故遺留一角可讓本文發揮的餘地，但仍不掩其光輝。而本文則是繼此後深入、融貫的討論，以不同取徑，既著重於批判性，又須有所建構。從而，在前者是由間接相關的著作檢討前人研究成果，在之過程即形成後者，即是吾人的問題意識與論題綱要。以下羅列出有觸及本論的論著，並針對特殊的、主要的論著提出評判：

第一層的，以往有關哲學史或思想史的角度，可有不同的角度進行分析，

〔註10〕黃宗羲：《黃宗羲全集》沈善洪主編，江蘇：浙江古籍出版社，2002 年，頁 6。
〔註11〕〈社會人倫與道德自我：論泰州王學的社會性〉，明清文學與思想中之主體意識與社會國際學術研討會，2002 年，頁 1～17。

於此吾乃以哲學問題發生先後的年代，約可分三部份檢討：一是以宋明為題的著作，二是以明代為題的著作，三是以明清為題的著作。牟宗三《宋明心學概述》，專以理論型態為判教，如此立論與立場相當明確，學術體系化，但也因之傾向於某一學說理論，故心學體系多有闡發，其主要對王學或其後學王龍溪與羅近溪為論，故研究的立場上似有所選擇。錢穆《宋明理學概述》，其資料的採用專以《宋元學案》與《明儒學案》為主的內容，可能學術的觀點與視域是有所局限，但作者力求客觀的論述，又求顯現各個思想家的特殊性與獨到之處。侯外廬《宋明理學史》，重視思想家本身的思想內容、特點和社會影響；全面涵蓋，但觀點不夠深入細密，並未細審泰州學派的傳承。余英時《宋明理學與政治文化》，整體考察宋、明兩朝代在政治與制度層面，主要以君主與儒士的互動關係，而影響主要思想家的態度與思潮，對個別人物的思想或理論無法詳察，但他在論述王心齋與陽明對外王的訴求上的觀點是：「不得於君而求於民」，這觀點與有些學者觀點是相當不同，這亦是王心齋的理論所備受批評之處，此問題提供本文可詳加探究之契機，並且其於史料的引證是尤有其獨到之處，亦是吾文可效法之處。陳來《宋明理學》，重於主要代表性思想家的闡述，只論王心齋與羅汝芳，將他們歸為自然派，對於王心齋的「樂」的詮釋有所見地，但仍留有餘韻未續，故吾可由此展開。甲凱《宋明心學評述》，側重心學之傳的發展，標舉人物其立場，但其論過簡約，評斷下得太快，此是吾文所該避免，所以將側重於思想之間的論辨過程。

　　容肇祖《明代思想史》是早期的論著，對思想理論分判，重學說的教育意義性，對於泰州之學有提揭之功，但見解不夠深入細詳。稽文甫《晚明思想史論》與《左派王學》兩書觀點一致，其以黃宗羲的觀點（狂禪派）看泰州學派，特以左派為泰州之稱，此專論有提揭之功，並見解有精闢之處認為對泰州有重新評價的必要性，但陷於主觀的褒揚或貶斥，並且分析性不足，觀點不夠細密。李書增等《中國明代哲學》，對於王心齋研究並無新見，多從口沫之聞；張學智《明代哲學史》，透過宏觀把握哲學的本質特徵和內在聯繫，突顯時代潮流與邏輯的演變，又從微觀上對流派與代表人物的哲學體系進行剖析，關注多方卻未對泰州之學在社會意義的向度上探究，亦是有失之處。于化民《中晚明理學的對峙與合流》，重以思想之流變為主與理論之分，全涵蓋但無論點，使得無特色。蕭萐父、許蘇民《明清啟蒙學術流變》從學術的角度討論，關注於中國社會從傳統走向現代的主題，以新道德、民主、科學，重

各思想家的內在理路，然而，美中不足之處是對於王心齋、何心隱的討論只著於人性論，並且觀點不夠完整。葛榮晉等《明清實學簡史》，以實學的視域（利用厚生、經世致用、實事求是）故排除王陽明，而以王心齋為基點論述王學的分化，特舉王心齋「尊身立本」為啟蒙，雖有補偏救失之作用，但也失去中國哲學的體用的和諧性。

從總體上看，這些論著都致力於闡發中國思想內在的脈絡，對於中國思想發展與問題都能詳實的闡發，其中有些面臨各個筆者的前識與當時思潮與取徑的問題，在處理與西方思想的會通上，有時無法相應於儒學的脈絡，吾人有鑑於此在處理與當代或其它哲學理論的相濟問題上，試圖以觀照兩方思想的背景與問題意識與優缺之處，可否有相互補充，或許能達到一種客觀瞭解的立場，不致使其一方對照組流於獨白的窘境。在內容方面，多以思想與人物的先後年代的次第的方式論構，各自旁涉其關心的課題，無論是哲學、思想、政治文化、過程（勢態），使得宋明的課題有多元、豐富的視域，但也因制於範圍過於寬廣，以至於無法細密深入。

第二層，專以泰州學派之名，作為研究的著作有：周祺主編《泰州學派國際學術研討會論文集》此乃學術會議的論文集，集結眾多有關本論題的文章，對於討論王心齋的思想，呈顯不同多元的角度，他們邀請主要研究泰州的學者，如張璉、林子秋、汪傳發、方祖猷、錢明、吳震等人。但若觀照具體成果上，就發現論文素質稍有不齊，是有些許瑕疵，如論泰州學派與禪學之文，不能稱之言命文。張樹俊《泰州學派的創新精神》標題新穎，其論不同於一般之文，以精神貫穿全書，但以特點的方式闡論，使人不免會以結構鬆散、其論過於泛泛，適於一般性的大眾，其學術價值較低。胡維定《泰州學派的主體精神》涵蓋陽明、王心齋、顏鈞、何心隱與李贄，對於泰州學派的主體性有深入闡發之功，但卻也未見儒學的群體價值下的泰州學派。劉華《泰州學派的經濟詮釋》透過其以經濟思想看泰州學派，這觀點是相當有價值，可體現泰州學派對於社會的訴求的背景與意義，但王心齋的萬物一體觀是經濟哲學，這是值得商榷地，於此消弭了王心齋有安貧樂道的精神層面。楊天石《泰州學派》掌握住泰州的發展與關係，並提出耿定向對李贄的反撲的觀點是有其深入，但其之作以唯心與唯物的理論批判王心齋，將其歸入唯我論，故評論時的立場有所選定，以至於對思想的理解可能有不盡貼切處。林子秋、馬伯良、胡維定《王艮與泰州學派》論述泰州整體思想詳細，由上王心齋論至

下湯顯祖、袁宏道、徐光啟，但無理論特色與突出觀點。季芳桐《泰州學派研究》以史學的角度出發，針對泰州學派國際學術研討會的研究不足之處提問，如學派屬性、一貫精神或概念的內涵、學派特色與影響，而忽略中晚明的學群現象，僅單論泰州，使泰州孤立於時空之外。

第三層，專門透過王學為核心整體觀照王心齋與泰州之學的重要研究。左東嶺《王學與中晚明士人心態》其試圖融貫文、史、哲的要素有系統地的論述，並考察陽明學對士人心態的影響方式和結果，其認為王心齋擁有狂俠精神，他看法是不同於黃宗羲與嵇文甫（別於正統王學），認為李贄仍是心學的一脈，且是明中期到晚期的重要轉折，其方法對於吾論不諦有增進與啟發，但對於思想家的重要命題無法彰顯，使哲學理論性減弱，雖然如此但仍未減其瑜光。錢明《陽明學的形成與發展》思想層次分明，其將陽明以形成、分化與開展為別，使得思想有承接性，並對於其分派有其見解處，並且所涉獵文獻豐富。另外，他對於王龍溪與王心齋的思想以同異來檢別，所以將王心齋歸為日用派，其因以分派論思想故對於個別的思想家論述不夠深入，有此之遺珠。鮑世斌《明代王學研究》其論平整，不同意見都能盡陳，雖其對於泰州學派之傳的立場與吾人（廣、狹意之分）不同。其專章論王學的民間化，對於陽明的民間性的思想未加以論述，而以直以泰州學派論，似有跳躍之嫌，又對良知現成的問題探究，但僅停留於表層字義。吳震《陽明後學研究》其主論江右之學、浙中龍溪與耿定向，論述精細，並引用許多日本學者的研究成果；對於王心齋的討論於講學活動以一節討論，表示其彰顯泰州的特性，而其論相較與耿定向討論的比重上，是相差甚遠。楊國榮《王學通論——從王陽明到熊十力》從宏觀處論心學的發展之脈絡，可助於吾人對於心學整體思想的把握，對於王心齋與泰州學派僅略論。鄭志峰《王學與晚明的師道復興運動》從史的角度論，結構分上、中、下篇，上是以政治、教育、文化的闡述，中篇主述泰州學派，論及王棟（師道派的嫡傳）、顏鈞與何心隱（狂俠派），王襞（會通與樂派），在王心齋的思想中他特以出君臣關係與公私性的觀點，以師道與君道的相抗說明的論據不夠充份而牽強，但其注意到中晚明的學群關係與訴求，或說有問題意識是可取法。

第四層，有關王心齋的文獻與研究泰州學派學者相關的重要研究。龔杰《王心齋評傳》以《王心齋先生遺集》袁承業之版本為參考文獻，分為十一章，三章描述背景，後四章則是分節討論良知及生存權的概念、以格物說視

為人生價值學說，及王心齋民為貴的社會政治主張、平民教育思想，之後討論王襞與五兄弟，這是其它著作所沒有的，且對王襞的佛道思想剖析，整體以思想為要，涵蓋周全，論述細緻、分析透徹，但稍有所遺是缺乏立場與理論型態。在近期研究與王心齋並列的王龍溪的研究，有彭國翔《致良知的開展——王龍溪與中晚明陽明學》以思想的闡述為宗，以詮釋方法為用，並加入國外研究者的成果，這是本論文值得請益之處；然其有疏忽之處，乃是僅平面觀照其思想的討論，無形將王龍溪單立，不合於哲學源於生活世界，並且是探問思想家的思想背後的理論，這亦是此書之脈絡著墨較少處。對於王龍溪的思想論述此研究之其長，卻也亦顯其另一面只能是專家，但無法發展成哲學的理論型態，無法有效的回應其哲學的現代意義。

第五層是外國學者對泰州學派的研究情況，主要是從陽明學與王心齋思想上討論，如日本岡田武彥《王陽明與明末儒學》以《王心齋全集》和刻本為參考文獻，作者強調內在性研究的方法的重要性，即是以體認方法解釋思想，讓文本或思想家自己發言，這是他與其他學者顯著不同處，亦是吾文可效之處。他將王門分為三派，可知發現其背後的區分是以良知的型態，引證確當，是本文可效法之處，因其涵蓋周全，以現成派系統（左派）論及羅近溪、周海門、耿定向、何心隱、李贄，但缺乏對儒、釋、道理論的檢別，然此乃1970年之作，就當時的研究成果實堪為完備，但專就王心齋的討論相較之下是有些單薄。島田虔次《朱子學與陽明學》蔣國保譯，雖其書名以朱王之學為論，但其卻在一章之中的一節討論陽明學的開展，他特別標舉左派稱王心齋，其看到泰州的社會取向與越名教任自然的特性，有理論的區辨，但論據過於簡化，並且忽略後學之間的影響性。美國狄百瑞《儒家的自由精神》致力於儒學與西方思想的對話，討論宋明理學是以朱熹為起點至黃宗羲，以總體涵括的方式討論宋明之儒家，但有不相應之處。基此，吾人提出自身的研究方法與範域，以彰顯本論文的意義與價值。

三、研究方法與範域

在研究方法上，這論題針對王心齋為核心觀照中晚明的思潮，是以哲學的理論型態加上思想史的方式展開，係因若僅以哲學的面向研究，往往會流入以論代實之失，但或是單以思想面向討論則流於無新意，為能避免兩者之偏，也同時能兼顧見解的深入與融貫度，所以藉著關係的展開：以剖析心學發展至王

心齋與後學的問題，即是縱向的關係的聯繫；又同時旁涉不同於王心齋的思想
與泰州學派之相異處，這即是橫向的關係。以面向與關係的論述建構與重塑，
其中試圖一面透過融通理學、經學與史學的方式於此論題的研究，另一方面以
演繹、歸納、對比的分析的方式，貫通哲學理論的演變發展與思想形成所受到
時代環境的條件。因此，對於文本的研究方法上，乃採取傅偉勳所《論創造詮
釋學及其應用》中提出，五個層次：（1）實謂層次－原思想家實際上說了什麼
（2）意謂層次－原思想家想表達甚麼（3）蘊謂層次－原思想家所說的可能蘊
涵甚麼（4）當謂層次－原思想家（本來）應當說出甚什麼（5）必謂層次－原
思想家（本來）現在必須說出甚什麼〔註12〕。本文更注重於詮釋學的批判詮釋
（當謂）與創造詮釋（必謂）為宗。劉述先先生對兩面向有此說明，即是以「重
釋」（reinterpretation）與「改造」（reconstrucion），亦提出創造詮釋的約束：最
大的限度在其根本的睿識不能溢出在原典所容許的範圍之外〔註13〕。據此，再
次闡明吾人的立場，在過於不及之間的原則：吾人對於哲學的理論，是以批判
繼承的原則，一方面肯定歷代思想中的精華（客觀），同時也批判並指出理論的
涵蓋性、一致性以及效力與困難之處；而在思想史的部份，吾人以考察時期之
間的流變與嚴守證據，以歷史的證據為憑。

在前人研究綜述與省察的巡訪後，又再回到自身論題的範域之中省察，
吾人所提之研究方法的態度：不是單為創新而論其不同，尤其以上羅列出哲
學史與思想史的研究成果，係因吾人所採的立場乃決定著是否重覆前人已完
成的研究，於此說明吾人為何兼採兩者的理由。哲學史（the history of ideas）
的角度，是把關注的焦點放在觀念與觀念之間的聯繫，在思想的潮流當中，
推求觀念所以產生的各種原因，以及同一潮流中觀念間彼此的邏輯。然卻易
造成形式化的思維傾向，難以全面的涵括現實的生活世界。而思想史（the
intellectually of history）的角度，誠如史華茲（Benjamin Sxwartz）所提出：
「人類對於他們本身所處環境的意識反應，考察思想家的觀念意識與其時代
環境之間的磨擦互動」〔註14〕。縱觀中國學術的發展軌跡，我們隱約可以發

〔註12〕傅偉勳：《從創造的詮釋學到大乘佛學──「哲學與宗教」四集》，台北：東
　　　　大學圖書公司，1990 年，頁 10。
〔註13〕參見鄭宗義：《明清儒學轉型探析從劉蕺山到戴東原》，香港：中文大學出版
　　　　社，2000 年，頁 xiv。
〔註14〕史華茲（Benjamin Schwartz），《關於中國思想史的若干初步考察》張永堂譯，
　　　　載《中國思想與制度論集》，台北：聯經出版事業公司，1977 年，頁 3。

現中國哲學問題的提出與時代脈動是息息相關,但究竟哲學(思想)與時代的互動是如何?這既是史學關心,也是哲學所關心的問題,亦正是兩者交集之處。從知識的角度上看範域:有如懷德海所言的理解內含有兩種方式:一種是內在理解,如果事物被理解為由不同部份組成的,那麼對它的理解就可以涉及其要素及形成整體事物的相互聯結的方法(事物看作結果);一種是外在理解,將事物視為一體,無論它是否可以分析,然後獲得它對環境的影響力的證據(事物看作原因)〔註15〕。實際上,這是孔子所言的「仁者」,或是現代西方哲學術語所說「當下思考存在問題者」所面對的局限,因人不僅面對自身意義,也同時面對外在環境所產生的意義之中,在旁大糾結的意義網絡之下,很難釐判孰先孰後,又或許是共同作用與發酵而產生其對於自身與他人的互動。

在從前人研究綜述與省察中發現,研究者通常都以史的角度為論題的基本形式,這是由於人的思想規律的考量,所以多以年代的先後論列人物的思想。本文在王心齋與後學的思想關係上,與論點提出的呈顯仍以近於王心齋時代為第一序,依此類推。繼之,吾人之術業乃是哲學,第一序要考量是針對的問題意識,論述方式先以問題省察為先導;第二序則是思辨性,在觀點的討論方式乃採正、反與交叉來呈顯。因此,先從批判之處開始發問,然後透過當時學者的發問所產生的疑問,按其思想的形成過程,一一審視其工夫與本體與所欲達到的目的,再橫攝探索當時王心齋與中晚明學群關係,與彼此之間所產生的影響性,進而,考察後人對此問題的觀點或補充。最後,針對整個論題探究的問題導向,加入當代哲學思潮自由主義與社群主義的理論的瞭解,使之相互之間對論題能增進理解而能有互濟之效。

然而,另一方面本論題的討論還涉社會學的部份,因此將會採納哈伯瑪斯(Jurgen Habermas,1929~2004)「交往行為理論」中的交往行為的模式。哈伯瑪斯歸結與區分出四種人類行為:(1)目的行為,這是一種旨在實現某種目的的行為,它僅僅與一個「客觀世界」相關聯,因此涉及「真實性」有效性要求;(2)規範調節行為,這是一個社會共同體的成員以共同價值為取向的行為,它與一個社會群體或「社會世界」相關聯,因此涉及「正當性」有效性要求;(3)戲劇行為,這是一種行為者在公眾面前進行表演的行為,它與

〔註15〕阿爾佛弗萊德·懷德海,《思想方式》(MODES OF THOUGHT),北京:華夏
　　　　出版社,1991 年,頁 42~43。

一個「主觀世界」相關聯，因而提出「真誠性」有效性要求；（4）交往行為，這是一種主體之間通過符號、語言和對話達到人與人之間相互理解的行為，它與「客觀世界」、「主觀世界」、「社會世界」這三個世界相關聯，因而相應地提出三種有效性要求：「真實性」、「正當性」、「真誠性」。〔註16〕在此意義下，檢視王心齋的儒式社會並加入自由主義、社群主義與其對話，使之能見其社會理論的優、缺與問題。

綜上，多元與多視角的方式，乃基於以多角度的切入研究，透不同視域的交織，呈顯哲學家的思想的立體性、生命力，也掌握其關照的核心，進而透析其理論的深層，最後可期能貼近於王心齋與中晚明儒學，更期待能與其所欲闡明的意義相遇

〔註16〕參見洪漢鼎：《詮釋學史》，台北：桂冠圖書，2002年，頁270。

第二章　理學與中晚明社會的問題

　　在第一章研究之緣起中提及，何以明末清初的理學家會認為學術足以憾動一國之興亡？他們究竟在何種的意識型態作用之下，才有此一說。這在詮釋學的話語是效果歷史意識（wirkungsgesctlices Bewusstsein），而一種名副其實的詮釋學必須在理解本身中顯示歷史的實在性。就現代話語，即所謂的「生活世界」（life-world），這一方面是是構成公共論域的背景知識或主題，另一方面有賴於公共論域而始獲得更新和再生。所以，須與三組對應的結構有關：「文化（溝通行動者的背景）、社會（溝通行動者認可的合法程序）和個體（溝通行動者的自我同一性、言說實踐和溝通能力）」〔註1〕。在本章將揭示問題的核心，以三個大方向探析：一是文化層面：宋明理學內在的預設，二是社會層面：中晚明整體社會的模式。三是個體層面：王心齋與泰州之學。

第一節　宋明理學內在的預設：內聖外王

　　理學（或道學）乃是儒學的一種型態，係有其自身的語彙，這語彙的背後所指的是儒學的內在的預設，換言之就是前識。這前識的內涵與形式相符不離，所聯繫是理、氣、心、性等形而上的觀念，理學家們往往以「道德性命」統稱之，此乃所謂的「內聖」〔註2〕之學，與之相對的概念是「外王」，

〔註1〕見曾慶豹：《哈伯瑪斯》，台北：生智文化事業有限公司，1999年，頁193。
〔註2〕「道德性命」一詞的出現是從王安石而來，他以此指自身是「內聖」之學，
　　　　而與古文運動所專重「外王」的偏向是有所不同。在宋代又稱之「明體達用」，
　　　　這隱含著「內聖」為體，「外王」為用的意涵。

所謂的外王是指治事（或稱治道）。這兩個概念在理學家們的構想下，是一個不可割裂的整體，而且「內聖」領域的涵化正是推向「外王」的實現而顯現聖化的價值與意義。內聖之學所涉及是學術本身的理論層面，道德的形上理論完備與否；外王的實現所切及是環境條件的具體層面，政治、經濟與文化的發展。王心齋哲學命題的提出，即是在中晚明時期與內聖外王意識的碰撞和激盪之下同時相互影響與構作而成。而所謂的內聖理論，是指儒家的成德之學。理學進展到中晚明時，儒學的內聖理論面臨著空前的考驗：一方面是南宋朱學的學術思維，另一是明中期陽明之學交織下所產生內在理論的問題，在晚明東林學派針對王學末流的流弊，揭開宋明儒學內部理論的涵蓋性、一致性，以及理論效力、與困難之處。於此，將探析儒學內聖理論的衝突。

一、內聖外王理論的核心價值

儒家學說內含著內聖外王的「意識型態」〔註3〕。在余英時研究朱熹時發現，他是據《大學》的觀點而論「內聖」與「外王」的分界與為學的次第，以辨清道學與道統。這固然說明內聖外王命題的根源與具體內容，但我們必須接續的提出疑問，難道這命題不是已隱含在先秦儒學思想中，這隱含的意識為什麼在宋明理學中激中火花？回顧來時之路，儒學是經過兩漢繁鎖經學、南北朝的禮化以及唐代的注疏，才轉出欲直契先秦的宋明理學。因此，斷章取義僅論宋明儒學的內聖外王是無法看出儒學理論根本的問題。從歷史的淵源上看，孔子所創立的學說、文化脈絡主要源於周朝。周公制禮作樂，為周朝的統治奠定重要的制度：以禮法為基礎。孔子透過周遊列國，宣傳與推行他的主張─堯、舜、禹、湯、文、武、周公之道，即是以崇禮尚仁為核心的儒家治國之道。之後，孔子結束周遊回魯國。晚年一方面授徒傳道，一方面研究學問。他編六經：修《詩》、《書》，定《禮》、《樂》，贊《易》，作《春秋》。孔子所建立的理論形成一種儒式的體系，這樣內涵後世稱之「內聖外王」。所謂內聖，是指修身，以聖賢之道修養自己，提高自身的素質（道德）。所謂外王，是用王道、聖賢之道參與治世、治國、平天下。兩者互為表裏，這構成孔

〔註 3〕Ideologie，於 1801～1805 法國思想家特拉西（Destutt de Tracy 1754～1836）首先提出此概念，乃是面對法國大革命重新研究啟蒙運動時提出，人類可以通過正確的社會知識來改進現實社會與政治情況，從而改善人類生活。他以 "Ideologie" 一詞表示發現真理和消除迷妄的一種技巧或學問。見洪漢鼎：《詮釋學史》，台北：桂冠圖書，2002 年，頁 265。

學的基本特點。這學說是立基以血緣為出發，而構作成宗法的社會型態，孔子學說也是維繫中國傳統社會的重要內涵。歷代君王採用儒家學說為治國之道，一方面是基於文化傳承，另一方面是統治權的正當性。而儒學理論的核心是禮與仁，而其理論體系是一個以禮、仁為核心包括著各種範疇以規範、影響人的行為活動的系統，逐漸形成中國傳統社會的一部份。依此，須探析「禮」與「仁」的內涵與作用。

（一）禮的內涵與作用

禮最先源自原始宗教與宗教活動。禮字體是人體跪下行禮，是在原始宗教中產生。人向神（超自然的力量）、鬼頂禮膜拜的過程中，逐漸形成最初的禮、禮儀。《說文》：「禮，履也，所以事神致福也。」這是禮的起源與原本的含義。在人與神的關係是透過巫、祝來溝通，所以漸漸成為人世間的一切規範、律條的總稱。在夏、商、周三代，「禮」聯繫著人與神，人的道德規範，整個社會制度與法律，這可見於《周禮》。何謂儒？儒乃是：「儒，以道得民」〈《周禮・天官冢宰》第一〉可以理解為以道教化引導民眾，而道就是禮，這也是儒的社會職能。故儒者必然懂禮、崇禮、尊禮。而孔子認為：「大哉堯之為君也！巍巍乎！唯天為大，唯堯則之。蕩蕩乎，民無能名焉，巍巍乎其有成功也。煥乎其有文章！」〈《論語・泰伯》〉其實，孔子研究三代之禮，對於禮法的連續與更替，乃是承繼而有所益損，即是以批判的繼承。在《論語・為政》中，他回答子張：「殷因於夏禮，所損益可知也；周因於殷禮，所損益可知也；其繼周者，雖百世，可知也。」這說明孔子特別推崇周禮。孔子賦予禮另一層的內涵，在《禮記・仲尼燕居》：「禮也者，理也。樂也者，節也。君子無理不動，無節不作」、在《禮記・曲禮上》：「夫禮者，所以定親疏，決嫌疑，別同異，明是非也。禮不妄說人，不辭費。禮不踰節，不侵侮，不好狎。修身踐言，謂之善行。行修言道。禮之質也。禮聞取於人，不聞取人。禮聞來學，不聞往教。《論語・為政》：「子曰：『道之以政，齊之以刑，民免而無恥；道之以德，齊之以禮，有恥且格。』」由此，孔子認為「禮」是做人處世治國的根本，也是對人的一切言行都有具體的規範，有「禮」即表徵不亂與有序，其指導規範著個體與群體的和諧或協調，所以孔子多從原則性上，提倡遵禮而行，守禮而動，用禮以求和。

孟子多從人的品格上論「禮」，這是基於他的性善論。《孟子・盡心上》：「君子所性，仁義禮智根於心。」認為從上到下都應懷仁守信講禮義，「無禮

義，則上下亂。」而君子要以禮存心，有禮者才知敬人，而敬人者人恒敬之。但一方也要「禮人不答，反其敬行有不得者皆反求諸己，其身正而天下歸之。」（《孟子・離婁上》）孟子注意將禮內化於心，以敬的態度運用於人際之中，並強調以身作則，來帶動人與社會。孟子重視禮的內涵，是在完美人格的要素之一，其實行的機制要求行為主體自主決定，以一種道德自律性理論，將禮作為人的目的，所以在語意上多表現出開放與外推性。

荀子繼承孔子對禮的理念，強調遵禮、循禮。他發揮與加強禮的規範作用，是基於他以性惡論立說。荀子考察禮的起源，在《荀子・禮論》中表述，禮是為了解決人們的爭端，「使欲必不窮乎物，物必不屈於欲，兩者相持而長，是禮之所起也。」使人們的慾望各自得到一定的滿足，制止戰爭而由先王聖賢提出。禮是養，以滿足人有度量的需要。所以他認為禮是人道之極，是重要的法度。「故繩者，直之至；衡者，平之至；規矩者，方圓之至……法禮，足禮，謂之有方之士。」荀子將禮看作是完善自我、協調人與人的關係，實現理想社會的根本手段。在《荀子・修身》中，表述「無禮何以正身，無師吾安知禮之為是也。……故學也者、禮法也；夫師以身為正儀，而貴自安者也。」又於《荀子・君道》中更是從齊家、處事、處世中提出禮是明辨是非正誤的標準。而在治國上方面，荀子以強國為目的，所以他主張隆禮重法，這又見於《荀子・大略》、《荀子・議兵》、《荀子・強國》。在《荀子・王制》：「聽政之大分，以善至者待之以禮，以不善者至有待之以刑。」這表述他以主禮法兼施。由禮到法的演變，無疑是荀子重視禮的操作，禮既是滿足人，也是制約人的工具，其實行的機制偏於在行為主體外的法規，以一種道德他律性理論，故一般將禮當作規範人的手段，所以在語意上多表現出封閉與內縮性。

（二）仁的內涵與作用

仁從字體是象人偶，在《說文》：「仁，親也，從人二。按二者厚之象；竺之從之，二人、猶言人竺。」是指厚以待人之意。由此，仁是使用於一切人際及社會關係的總則與根本要求。仁，是孔子確立與禮密切相聯的最高人倫道德準則。仁，也是孔子學說的核心，在《論語》中表述仁的就有七十餘條。在〈顏淵〉中，樊遲問仁，孔子答愛人。孔子即是人倫道德上提出仁論，主張做人應該做懷仁的君子，從正面言：「苟志於仁矣，無惡也。」〈里仁〉人如果立志實行仁德，就不會做壞事。有仁德的人能夠喜歡好人，能夠憎恨壞人。又從反面上，「不仁者不可久處約，不可以長處樂。仁者安仁，知者利仁。」他

在仁者界說上，還有仁德、忠恕、為仁由己，安仁等的論述，可見懷仁是君子的德行。而在社會規範上，如忠、孝、信、悌、義、禮、智、誠等，都是仁的內容，是仁具體表現，在《論語‧學而》：「君子務本，本立而道生。孝弟也者，其為仁之本歟！」並在孝的基礎上，要求做到推及他人，外出尊敬長者和博愛大眾，親近有仁德的人，如是以「己欲立而立人，己欲達而達人」的模式行仁道。孔子將仁與禮共置於學說的核心，其言：「克己復禮為仁。一日克己復禮，天下歸仁焉」《論語‧顏淵》仁若相較禮，仁是內心真實感情的昇華，禮則是仁的外顯。或說沒有仁，禮便徒具形式與虛名，無禮則仁也無法適切。因此，孔子主仁內禮外，仁先禮後，兩者互為表裏。仁與禮的關係，又是內聖與外王的關係、個體與群體的關係，對人而言則是性情與禮教、修身與事功的對立統一關係。

孟子論仁，繼承和維護孔子的仁道觀，並特別強調仁是人固有的內在素質，仁是君子的品格，並在治國上也主張施行仁政。孟子以惻隱之心為仁心，並強調仁義禮智是內在於我，是我所固有的，思（求）則可以得，捨者失之。又將「仁」表述為人最重要的特質，其曰：「夫仁，天之尊爵也，人之安宅。」《孟子‧公孫丑上》儒家稱有德者為君子，而懷有仁心，以仁心待人是君子應有的品格，孟子曰：「君子所以異於人者，以其存心也。君子以仁存心，以禮存心，仁者愛人，有禮者敬人。」〈離婁下〉、「君子之於物也，愛之而弗仁；於民也，仁之而弗親。親親而仁民，仁民而愛物」《孟子‧盡心上》君子若將內在的仁心擴展到治國，循先王之道施仁政。相較孔子，孟子似乎更接近與關切政治，這使得他的學說處處表達社會的議題。孟子謂：「堯舜之道，不以仁政，不能平治天下。今有仁心仁聞，而民不被其澤，不可法於後世者，不行先王之道也。故曰，徒善不足以為政，徒法不能以自行。《詩》云：『不愆不忘，率由舊章。』遵先王之法而過者，未之有也。……是以惟仁者宜在高位，不仁而在高位，是播其惡於眾也。」《孟子‧離婁上》孟子以「仁」為訴求的學說，係為往後心學，或是內聖而外王的一個重要指標。

在孟子對「仁」的彰顯的論述之比重而言，相應可發現荀子更重視「禮」，雖然荀子在人性的觀點上是反對性善，但其對於仁的學說，仍依循孟子，可見荀子對於仁的表述，針對於君子品格的修養，他重視人的學習，對於善學，「倫類不通，仁義不一，不足謂善學。」《荀子‧勸學》、「仁人在上，則農以力盡田，賈以察盡財，百工以巧盡械器，士大夫以上至於公侯莫不以仁

厚知能盡官職,夫是之謂至平」〈榮辱〉可瞭解到仁是儒家學說中相當重要
的元素。

儒又稱為士,而士就今天的話語即是知識份子,自古真正的知識份子素
以道自任,自命扮演著社會良心的角色與帝王相抗。後來演為儒家政治倫理
原則,所謂名教,即是名分教化,以正名定分來教化天下。到漢代即以三綱
五常的形式出現。王弼援老入儒,以「名教出於自然」,嵇康提出「越名教而
任自然」,郭象則認為名教即自然。為政者自認是則是以勢自恃,由之孟子時
有王霸之辨,以區別王道與霸道。到宋代乃有朱熹與陳亮王霸之分,若深究
其中的問題,事實上就是勢(治)與理(道)對峙,程顥指出:「三代之治,
順理者也;兩漢以下,皆把持天下者也。」(《程氏遺書》卷十一)這表述著三
代是王道,以勢與道乃合一,漢唐是霸道以勢與道分離。在宋明理學家的想
法中,三代相傳是道統,而孔子以下相續乃是道學,以此約制君王之「勢」,
乃形成知識份子以「內聖外王」合一作為批判君權的憑據。

二、明際朱王學術特性的差異:理心之辨

理學的形成始於宋初,由北宋五子的思想共蘊而成,至朱熹集其大成。
所謂的集大成是指朱熹吸納各家,兼綜眾學說的精華,對理學的基本觀點以
系統性的闡發,將理學導向優越化的途徑,理學走向體系化而完臻。朱熹對
理學的核心亦提供具體的規範,其曰:「至於天下之物,則必各有其所以然之
故與所當然之,所謂理也」(《大學或問》卷二)「所以然」是指決定某物之所
以為某物的本質或規律,即是實然層面。而「所當然」乃指則是規範人的活
動的各種準則,即是應然層面。理的層面是性質相同,是實然與應然統一,
而不同則是氣的層面。此理論為朱熹的學術,而此學術地位並不受官方重視,
朱熹在世時被稱「偽學」,所以他並非一開始就納入官學之內。他的學說是到
元代時才受到重視被列為科舉考試的典範,而一直持續到明代都為官學所擁
護。朱學乃成為正統理學,之後主導與影響所有士人的生活與思想。朱學被
列入官學,而淪為意識型態化,亦成為政權操作下的網羅。基此,朱學所建
構出一個形而上的「理」的世界,發展了種種精神修養的理論與方法,指點
人如何「成聖成賢」,這一系列的動機、方法,效果乃至於目的,同時曝露出
其固有理論的缺遺之處:在理的運作之下,所有具體的事物皆受普遍之理的

制約，就一個行為個體〔註4〕（individual）而言，則必須遵循著理的具體化而形成名教與綱常的規範，當過於強調「理」化的意識，主張「居敬窮理」、「格物窮理」，反之就會疏離人的自身，即產生理性我與情意我之間的心靈衝突，這種以外礫的途徑，無法安頓那些已有自覺者的生命境界。從而，促進與潛積著陽明之學的可能性。

　　王陽明在此氛圍下，逐漸的形成自身的思想理論。繼之，王學一躍以反傳統的姿態出現，他重視個人道德價值的實現〔註5〕，與長期附於官學主流勢態的朱學是對立，此乃緣於末流居守繩墨已成繁瑣、僵化的教條，多數的士人面對此環境，心態轉變成是一重可達到加官進爵的形式，使其學說已無法深植人心而流於空疏。故而，他觀照此問題而提出致良知、知行合一的學說，救正時下的士人。陽明反對朱子所言之「理」，認為其所事事物物皆有定理的理只是形式而已，而他認為理作為道德法則是純粹內在的，事物的道德秩序是行動者所賦予它的道德法則，故提出由心上求。在宋代理學，二程與朱熹將「理」預設為一個客觀、超越，是「使之然之理」、物理之理。而至明代王陽明以心為起點，提出「心外無理」、「心外無性」，陽明所要批判乃是道德的形式化並非批判道德的內涵，主張道德生命歸於道德主體。他將天理與心等同視之：陽明從心的生理功能上言，即是性，即是天理（本然的規律），而性之理即可謂仁，他認為人的官能功用都是天理的顯發。心的本體（形上道德義）即是天理。而禮之義呢？〔註6〕對陽明而言，「是代表行為的具體方式和規定，其意義本還是使倫理精神的表現規範化，而如果這些儀節本身被異化為目的，忘了它首先必須是真實的道德情感的表現方式。」〔註7〕依此，人心是居主宰、主導之席。他將心推至最高的地位，使心超越萬有，為一切的樞

〔註4〕「主體」的意涵，往往過於強化有其對立性，儒家的語彙並未有此傾向，反而以個體的語辭，則表現出平和的語境，如表述己、身。
〔註5〕學不同於魏晉時，對於成聖是肯定，而「如何成聖」就有分歧：進學與修身的先後。王陽明對朱子的「格物說」不認同。他以「狂者」的精神，志立於學聖賢，這可於其生平中看到。
〔註6〕「所謂汝心，卻是那能視聽言動的。這簡便是性，便是天理。有這簡性，才能生這性之生理。便謂之仁。這性之生理，發在目便會視。發在耳便會聽。發在口便會言。發在四肢便會動。都只是那天理發生。以其主宰一身，故謂之心。這心之本體，原只是簡天理。原無非禮。這簡便是汝之真己。這簡真己是軀殼的主宰」。（《傳習錄》卷上）
〔註7〕陳來：《宋明理學》，台北：洪葉出版社，1993年，頁243。

機〔註8〕。陽明言本心之體即良知，致良知即是良知之自致。基此，他明白的
指出以「即本體即工夫」，亦即無致良知工夫外的心性本體。

自陽明本身看，其思想與實踐是無任何的矛盾與衝突，因他的思想學說
是由其無數次生命歷程的挫折、磨難所產生的體悟，是無可爭論地；但在陽
明的弟子無陽明相近的生活過程，只能各據自身的理解和體知解釋，而形成
不同的良知「異見」〔註9〕，天泉證道一事件即可說明此分歧發生時間是陽明
在世之時，其兩位高足就已產生本體與工夫之間的分歧，而真正白熱化乃是
於陽明之後，良知學正式分化。陳來歸結出四個原因，其謂：「1.陽明在不同
的時期會針對不同的傾向在論述上強調不同的側面，這些不同的側面都有可
能被加以片面性的開展。2.陽明的理論形式並不嚴謹，不能避免後人擴張這些
形式而容納陽明本身沒有主張過的思想內容。3.陽明門人資稟不同，入門的經
歷也不同，因此他們之間對於致良知之教的理解必然會有所不同，使得他們
在理論與實踐上難免會發生分歧。4.陽明門人對於當時思想界的弊病之認識
不同，亦導致他們對於如何改革這些弊病，所強調的陽明宗旨會有所不同。」
〔註10〕除此四個原因之外，陽明本身的性格與學說特質亦有所關係。當以教
授弟子而言，就關涉教與學互動的問題，由其講學的方式與《傳習錄》文本
以對話式的體例，蓋可從二方面上思考：一是學生所感受到陽明個人的性格，
二是其學說在具體的對話語境中易流於汎論的可能：1.對於陽明自身所顯露

〔註8〕「可知充天塞地中間，只有這箇靈明〔案：依原書上文，指心〕。人只為形體
　　　　自間隔了。我的靈明，便是天、地、鬼、神的主宰。天沒有我的靈明，誰去
　　　　仰他高？地沒有我的靈明，誰去俯他深？鬼、神沒有我的靈明，誰去辨他吉、
　　　　凶、災、祥？天、地、鬼、神、萬物，離卻我的靈明，便沒有天、地、鬼、
　　　　神、萬物了；我的靈明，離卻天、地、鬼、神、萬物，亦沒有我的靈明。如
　　　　此，便是一氣流通的，如何與他間隔得？」（《傳習錄》卷下）
〔註9〕黃宗羲認為以地域上分為六派，另將泰州學派獨立而論，不稱王門，而唐君
　　　　毅認為大略可別為二：江右是一路，以歸寂至靜之工夫以識本體，龍溪、心
　　　　齋、近溪是一路，皆直指本體即工夫；牟宗三的看法是最能代表陽明後學對
　　　　其良之教的分歧只有三支，浙中取龍溪、泰州取王心齋、江右取聶雙江。而
　　　　大陸學者楊國榮從本體與工夫上分為二：一是王畿、泰州學派對先天本體問
　　　　題（性質及作用）探究之路線，另一條路則是歐陽德、錢德洪等及明末東林
　　　　學者所重視後天的致良知工夫之考察。吾人就黃宗羲與牟宗三先生的看法為
　　　　是，泰州學派之作風，在立身行己或論道與實踐方式，雖與龍溪近但仍是不
　　　　同，不該歸於一派。
〔註10〕陳來：《有無之境——王陽明哲學的精神》，台北：佛光文化事業有限公司，
　　　　2000年，頁494～495。

的人格特質是一種「狂」者的表現。此可從二方面觀知：一他時以此自稱（四十六歲），於他回顧江西平藩時的險惡處境中的感發，其言：「我在南都以前，尚有些鄉愿的意思在，我今信得良知真是真非，信手行去更不著些覆藏，我今才做得個狂者的胸次，使天下人之都說我行不掩言也罷。」（《傳習錄下》）；二是他在十二歲即有聖人之志與十五歲後有經略四方之志，屢次獻書於朝，而直到其父斥責他「狂」乃止。若詳加考察以往儒者對「狂」者的定義，陽明的理解與傳統是略有差異〔註11〕，他的表述是「一切紛囂俗染不足以累其心，真有鳳凰千仞之意」，由此觀之，正如陳來所指出：陽明並不認為「狂者」是理想人格，而他是以聖人為目的，但「狂者」是超越於凡人，較近於聖人境界。因此，需由狂入聖而並不是「自足而終止於狂也」，對陽明而言，狂是一種超脫庸俗的方法，須努力律己以修。2.學聖賢自始至終是陽明的意識中最重要之地，他所言「滿街聖人」，源於其自身體證的過程：一是龍場驛的徹悟「始知聖人之道，吾性自足，向之求理於事物者誤也。」由此，他提出「心即理」之說，以主體意識的心與普遍道德律的理是同一不離，這亦宣明人在道德活動中的主體性，更賦予人具有道德的意義與價值性。他強調「人人皆可成聖」是發現聖人真正意義是可學，不是「生而也之」的天才，也不是不會犯錯之人，而是能勤求去私之人，故他認為凡與聖的距離是不遠的，因他乃尋人之性的善，是立於此人所具有的普遍特性一人性尊嚴與人皆平等。據此，陽明藉堯、舜說明「聖」，他認為他們是勤於「純天理、去人欲」的工夫，他曾以精金的比喻說明：

> 故雖凡人，而肯為學，使此心純乎天理，則可謂聖人。猶一兩之金，
> 比之萬鎰，分兩雖懸絕，而其到足色處，可以無愧，故曰，人人皆
> 可以為堯舜者以此。（《傳習錄上》）

此表述出他認為凡人與聖人就其本質上，是相同不二，所差的是後天的學。因此，人人皆可藉由學習的方式，使心體現天理。若就兩方的理論而言，朱學的理論以「理一分殊」的型態，有其內在不一之處，使理心為二，以漸修而悟。陽明心學式的立說，以理心為一，恰似圓渾一滾，正如牟宗三所言「圓教」的理論型態，亦需總納各方之說，故其言：

> 利根之人，一悟本體，即是工夫……其次不免有習心在，本體受

〔註11〕 孔子認為狂者有很高的志向，狷者不隨波逐流，到孟子則認為狂者有很高的
　　　　志向但「行不掩言者」如曾點，宋儒二程認為曾點在言志方面是狂者的代表。

> 蔽……汝中（龍谿）之見，是我接利根人的。德洪之見，是我這裏
> 為其次立法的。二君之見，正好相資為用；不可各執一邊。（《傳習
> 錄下》）

二位弟子對陽明的話語，又衍生成理論型態的相左，使得爭執於是以悟而修，
還是以漸修而悟的方式，亦種下日後良知學分化的主因，也造成陽明的後學
都專以良知為論的缺失，使明末清初儒者論斥「王學亡國」。

三、晚明儒學內部的正本清源

　　魏晉時曾對於有無、虛實之論進行論辨，而至於晚明仍是以「四有」、「四
無」〔註12〕的儒、佛論辨。而王門後學在立論上，往往都只承繼了王陽明思
想的某一部份加以發揮，在思想的體系與脈絡上不如陽明有邏輯以及整體性，
因此產生觀念的偏頗，以致王門弟子雖然闡發陽明之學，但也將陽明思想導
向困境。對此有些王門弟子已注意到王學的理論問題向內部發展，也透過互
相的論辯而澄清，如王龍溪講「四無」的先天之學，在當時造成流行，影響許
多學習王學的後學，而錢德洪當時便提出龍溪思想會造成學者空談心性忘卻
工夫的問題。在忽視之下，又隨著日久晚明政治社會的動盪不安，知識份子
更確切的認知到問題的嚴重程度，開始審視王學末流的問題。

　　劉蕺山對陽明學的良知是肯定，但他觀察良知學的興盛便已註定走到末
流的流弊，其曰：

> 嗣後辨說日繁，支離轉甚，浸流而為詞章訓詁。於是陽明子起而救
> 之，以良知一時喚醒沈迷，如長夜之旦，則吾道之又一覺也。今天
> 下爭言良知矣。及其弊也，猖狂者參之以情識，而一是皆良；超潔
> 者蕩之以玄虛，而夷良於賊。……今之賊道者，非不知之患，而不
> 致之之患；不失之情識，則失之玄虛。（《劉子全書·證學雜解·解
> 二五》卷六）

他的表述指出良知的問題與提出明末王學的流弊是「參以情識」與「蕩以玄
虛」。在此，他並未實指是何人，而學界多認為其弟子黃宗羲乃是指泰州學派
與浙中王龍溪。然若細審劉蕺山的良知觀點，他是肯定良知本是現成，但不

〔註12〕錢緒山，浙江餘姚人，乃是陽明的門人主四有之說（修持）和王畿（1498～
　　　　1583，字汝中，號龍溪）四無之說（徹悟）相抗，王心齋之子王襞曾游於緒
　　　　山門下。

同意聖人現成。另外，顧憲成（1550～1612，字叔時，別號涇陽，江蘇無錫人），於萬曆三十二年修復宋代楊時在無錫講學的東林書院，與高攀龍、錢一本、于孔兼等講學和集會，諷議朝政即為此種對王學思潮反省運動的開始，他亦有相似的觀點，其言：「當士人桎梏於訓詁詞章間，驟而聞良知之說，一時心目俱醒，恍若撥雲霧而見白日，豈不大快！然而此竅一鑿，混沌遂亡。」（《顧端文公年譜》）。他不僅是面對政治時政的腐敗，亦面對著心學內部理論的難題。他先反省王學末流的良知問題，再針對陽明良知學理論批判，因此顧憲成由末反本的追索後，歸結出問題乃於陽明的表述，他以為陽明言「悟後六經無一字，靜餘孤月湛心明。」而王門諸子紛紛據已之見大談致良知，高攀龍記述顧端文的看法，其謂：

> 當文成之身，學者則已有流入空虛，為脫落新奇之論，而文成亦悔之矣。至於今乃益以虛見為實悟，任情為率性。易簡之途誤認，而義利之界漸夷，其弊也滋甚，則亦未嘗反而求之文成之說也。《高子遺書卷九上・王文成公年譜序》

他看到陽明之學是以虛為實，以易簡導致義利不清是明末學術空疏的原因，認為儒學內部發生嚴重的理論危機。從而，他開始對朱子之學與陽明之學的問題進行反省批判，他對於陽明的批判多是從四句教之論而起，曰：

> 陽明先生於朱子格物，若未嘗涉其藩焉。其致良知，乃明明德也，然而不本於格物，遂認明德為無善無惡。故明德一也，由格物而入者，其學實，其明也即心即性。不由格物而入者，其學虛，其明也是心非性。心性豈有二哉？則所從入者，有毫釐之辨也。（《高子遺書・答方本菴》卷八下）

他以格物之學為判論的基點，所謂的「入」是下手功夫之處，即心即性是實學。這裏所謂的實學，特指本體功夫一致，不偏於心或性一方，彰顯出個體道德意識與行為修養的具體存在之理；而朱子之學的明德是以格物即是窮理為入徑，乃是學實，而陽明的明德則是以無善無惡為入徑，以強調於心乃是學虛。這樣論判的緣由是出於東林學派的思想傾向，正如曾春海所指出高攀龍思想的底蘊：「他對宋儒最敬佩朱熹，於明儒最看中薛敬軒，誠敬靜坐與復性皆此兩子所強調。」〔註13〕他們的儒學型態是以朱學為思想的重要成份，

〔註13〕曾春海，〈顧憲成、高攀龍的心性論及其教育理念〉，《哲學與文化》，第 353 期，2003 年 10 月，頁 152。

高攀龍一面帶著同情的理解心態，一面也毫不留情的批評陽明之學不是孔子之「教」，其言：

> 姚江天挺豪傑，妙悟良知，一破倪文之蔽，其功甚偉。豈可不謂孔
> 子之學？然而非孔子之教也。今其弊略見矣，始也掃聞見以明心耳，
> 究而任心而廢學，於是乎《詩》、《書》、禮、樂輕，而士鮮實悟；始
> 也掃善惡以空念耳，究且任空而廢行，於是乎名、節、忠、義輕，
> 而士鮮實修。蓋至於以四無教者弊，而後知以四教教者，聖人憂患
> 後世之遠也。（《高子遺書·崇文會語序》卷九）

高攀龍認為在破除舊弊上可說有功，陽明糾正了朱學過於強調格物窮理在工夫的支離。於是，他又更進一步以「學」與「教」的不同對陽明的學說作出判識，所謂的陽明提出的良知是孔子之學，但卻不是孔子之「教」：文、行、忠、信。他所據的理由是陽明不重視聞見之知以明心為主訴，也同時淡化（空念）善惡價值之別，無視於社會體制下所因蘊而生的名、節、忠、義，使得世人忽略了實悟以及實修。這即明白的揭示真正的儒者困於形上與形下的理論的矛盾之中，對社會人倫與道德自我的要求無法平衡，偏於明心就易流於個體自主，偏於明理易落於依附於群體，尤其，他們籠罩在宋代所遺留的「天理人欲」（公私之辨）問題。

另外，或者我們可以說宋明理學的成果是體現於明末清初的學者身上，他們其實在維護或是衝撞傳統價值體系上，「王學亡明」的提出即突顯傳統（朱學）對峙反傳統（心學），王心齋（字汝止，號心齋）為江蘇泰州之安豐場人。他既是陽明的弟子，又是泰州之學的創始人，而在《明儒學案》所指「王學末流」黃宗羲皆將其歸屬於泰州之流，如周汝登（海門，1547～1604）被歸於泰州學案，曾與湛若水門下的許孚遠（敬菴，1535～1604）在南都論學，他們的論辯主要是環繞四無教而展開，內容實以辯儒、佛之別。黃宗羲因周海門出身於泰州，而歸泰州，但仍知其學乃秉從龍溪，而曰：「浙東之學，新建一傳而為王龍溪畿，再傳而為周海門汝登。」〈子劉子行狀〉，又如顧憲成指責何心隱，其曰：「心隱輩坐在利欲膠漆盆中，所以能鼓動得人，只緣他一種聰明，亦自有不可到處。」（《明儒學案·泰州學案一》卷三十二）依此之見，或許我們該提出：對於義、利的判準是個人還是在社會人倫？再據，《小心齋劄記》中指出：「羅近溪以顏鈞為聖人，楊復所以羅近溪為聖人，李卓吾以何心隱為聖人。」這表述說明以個人為判，但我們又從何心隱所關注的倫理觀是「君

臣」、「朋友」的倫序更甚於傳統家庭結構，它掀起中晚明心學思潮的駭浪，以「友」、「會」為「出身」的依歸，在其之後的李贄（卓吾，1527～1602）又對何心隱推崇備至，其以「出家」表述著安身立命的問題，這樣的思想是顛覆傳統儒家以家庭為本的基礎。或許可說，明末儒者徘徊在二重性的儒學內部的理論──心學與理學的張力之內，一是自立道德標準，一是循名教道德，而此乃儒學理論所兼具，而儒者該如何實行於生命之中，還須斟酌環境的條件與儒者個人的生命情調。

第二節　外王層面的衝突：勢強理微

　　所謂外王層面，即是外緣的條件，指歷史環境而言，涉及政治、經濟、教育而形成的社會整體。它影響著當時代的文化意識與氛圍，也正是導引思想家的學說發展的因素。係因在特定的歷史條件之下，卻也是造就學說的創造。這論題研究雖針對王心齋，但其所置的歷史環境，就已預先設定了先驗的要素。故本節從三方面論述：一政治層面是以法家的政治為主，二經濟層面是朝廷對民的義利傾軋，三文化層面儒士的心態，在自我與社會之中擺盪。以下展開論陳：

一、政治模式的差異：儒法之辨

　　在前已說明內聖外王的內在要素與核心價值。在此，則是要檢視中晚明是何種政治模式。家、國、天下究竟是屬於公還是私？對於儒家的家、國、天下論，無疑是「天下為公」（《禮記‧禮運》）。孔子認為五帝時是大同社會，而到三代是小康社會。大同社會，即是治與道合一，其特點是：君主出於公心，任用賢能，人人各盡其力，各有所養，社會安定和睦。康有為在《大同書》亦認為「天下為公，無有階級，一切平等」歷史的演進是由亂世進到小康到太平世，而譚嗣同在《仁學》也主張「有天下，而無國家；君臣廢，則貴賤平，公理明，則貧富均」的大同社會。在以上儒者的主張中我們可歸結出，他們認為理想社會與政治的期望最後匯歸到「公」，勢與道的平等。然中國傳統的社會結構是宗法社會，是以宗族為主，即是家天下的型態，不免於私於宗族，實際是天下於私，而此關鍵在於如何確保君主有公心，乃是更重要的問題。所謂的公心是以天下萬民為貴，但我們可以看到明代君王不以百姓為宗，而是耽於個人，如嘉靖時君王妄想長生不老，日事修醮，廣採香木珠寶，由海

瑞的批評中可見：「今賦役增常，……陛下破產禮佛日甚，室如懸磬，十餘年
來極矣，『陛下改元之號，而億之曰：嘉靖者，言家家皆淨而無財用也。』」
（《治安疏》）世宗深居西苑，不臨朝視事二十餘年，將內外之政事全部交與
宦官和閣臣，被海瑞稱為「君道之誤」。隆慶時則是沈溺於聲色，心於政「游
幸無時，嬪御相隨，後車充斥」、「嗣立二年，未嘗接見大臣，咨訪治道。」
（《明史·周洪祖傳》附《鄭洪霞傳》）萬曆時，面臨君權的爭傾，導致法令廢
弛，有令不行，有禁不止。這治道的模式實是以天下為私。

　　另一個條件是：任用賢能，人人各盡其力。從明代對於任賢的態度，與
宋代君王禮於知識份子，相較之下明代不但不知任賢，還踐踏賢良。我們從
余英時《宋明理學與政治文化》對於明代制度的考辨上可見，明代的廷杖制
度已為常典，不僅是對士大夫不尊重，還加以刑求的侮辱，在《明史》亦描述
廷杖是：「以鞭苔捶楚為尋常之辱」（《明史·三九本傳》卷一）。據余英時的考
察，雖廷杖在前朝就有，但在明代卻是世代傳承，正式成為制度，而王陽明
也受過廷杖之刑，如此如何任賢？可能反讓賢能之士因而怯步。因而，士大
夫的盡己之賢的意識受到嚴重的考驗——選擇出仕或是隱世。當賢士不願出
仕時，在朝者往往多是俗儒「不求做好人，只求做好官」，只圖高官厚祿，不
顧廉恥，即是假公以濟私，如「官以賂計，罪以賂免，輦轂之下，賄賂公行，
郡縣之間誅求無忌，人民受害，殆不忍言。」（《明財空虛疏》）賢能者不出，
而真正受其害的還是百姓，官吏以公權行於私利，造成社會不公與民怨四起。
再加上政治權利的爭奪，使官吏依附於皇權，形成黨派之分，加劇政治惡化。
反觀，儒家的政治倫理是在君臣相互關係中確立相互的職責，而反推之，臣
不賢乃君無德，這正顯示出勢強道弱之時局。

　　又從抑制政學關係論，王學所帶動的講學活動後來遭受官方的打壓。政
代表官方的意識型態，學則代表知識份子的意識型態，兩者都具有教化功能，
但當以政統學時，則是以權威的方式來箝制思想、輿論的自由。在嘉靖時，
嚴嵩位禮部尚書，製造了兩場文字獄。又在萬曆初年，官方對講學運動摧抑，
在一夜之間幾乎銷聲匿跡，由顯而隱，由激越到平和。當時執掌其事，是內
閣首輔張居正，力圖整飭嘉靖、隆慶、萬曆三朝以來的綱紀與法制，卻也於
此時打壓講學活動。同時期的學者王世貞對張居正的評論是：「天資刻薄，好
申韓法，以智術馭天下」（《嘉靖以來內閣首輔傳·張居正傳上》卷七）另與王
世貞有相同觀點是耿定向，其評論道：「夫學之不明久矣，嗣起而倡者雖不為

無人，然窮而未見，多膚擦而不適於者眾也。世疑於無征而又懲其無當，至以學為大禁，英俊者席其才智足已騁，往往左袒韓商、弁髦孔孟矣。極其所底，不至禍天下毒來世止也。」（《耿天台先生文集·奉賀元輔存齋先生八十壽序》卷十一）兩人皆把張居正視為法家的意識型態代表。由此可知，在當時學者心目中，中晚明是一個以勢壓道的時代，背離儒家的初衷而是行法家的政治手段。從而，在儒者意識層面，是以「形而上者謂之道，形而下者謂之器」，即以形上層面為先，當此（道：精神）無法安定，只好退而求其次就形下層面（器：物質）。所以就此層面省察：儒式的政治以德為政，主先教化，後以刑為輔，而法式的政治是以明法為政，刑罰分明。又或我們可以從王心齋的描述中知悉，其曰：「今之為政者，非不慕此，然而刑不勝刑，罰不勝罰，則必有所以然之說也，豈人心有古今之異？抑時勢之不同而治之有難易歟？」（《明儒王心齋先生遺集·詩文雜著·答侍御張慮岡先生》卷二，以下簡稱《遺集》）他感嘆當時政局以苛法為重，或許基於此造就他主以恢復儒式社會的理念。

二、中晚明經濟實況：義利之辨

我們又據儒家大同社會的特點審視，其一是「各有所養，社會安定和睦」的條件，亦或是貧富均，它指向是經濟的問題。從社會分配看明中期（嘉靖、隆慶、萬曆）經濟，我們會發現其實是衰敗與嚴重的不均，其原因乃是由於王室的浪費無度，在劉建《論財用疏》中揭露，其言：

> 近年以來，用度太侈，光祿寺支費，增數十倍；各處織造，降出新樣，動千百匹；顯靈、朝天等宮，泰山、武當等處，修齋設醮，用費累千萬兩。太倉官銀存積無幾，不夠給邊，而取入內府至四五十萬。宗藩貴戚，求討田地，占奪鹽利，動亦數千萬計。他如土木工作，物料科派，傳奉官員俸錢，皂隸投充匠役，丹糧布花，歲增日益，無有窮期。（《明經世文編》卷五十二）

王室的花費無度，再加上社會的土地兼併日益加劇，土地集中於王室或豪紳，農民十分之一有田，則十分之九無田可耕，還需負擔名目繁雜的賦稅，還須向地主交租。又從《嘉靖實錄》〔註14〕中，記載對百姓經濟的壓迫——賦稅

〔註14〕「言徵斂，則自兩稅外，如軍餉，如歲派、造作、供應，昔無而今有，……言差役，則自舊額外，如兵勇，如聽，……昔半今倍。」（《嘉靖實錄》）

與差役。海瑞曾提到當時社會的實況:「民數減前」、「秋糧雀役則增倍于昔」、「逃絕戶極多」、「人煙寥寂,村里蕭條」,另外在《萬曆實錄》也同樣描繪「拋荒田產,避移四方」,社會在如此嚴重不均之下,君王豈能養百姓,到中晚明不僅君王不養民,還多徵賦稅與差役,使得農民起義的事件接連不斷,次數頻繁到「京師百里之內,一月而二三發」《張文忠公全集·答保安巡撫孫立亭》。王室挪公就私,這正如孟子與梁惠王的對話所關涉的義利問題,君王如言利以致民無不言利,相反如君王言以仁義,則有上行下效。

從正面看明代整體的經濟,劉華《泰州學派的經濟詮釋》〔註15〕以現代的經濟學的角度檢視,他認為明代的生產關係、生產形式已不同以往,因經過漢、唐、宋朝的發展後,明已產生自發性的商品經濟,這特徵在於城市的興起、手工業的蓬勃、商業的繁榮,使得沿海鹽業的生產、運輸更加進入規模化、專業化,經濟的發達這可能是促進或奠定泰州學派的學術取向。在表層明朝的經濟雖有長足的發展,但統治階層觀念仍無轉變,故在深層還是屬於封閉的經濟型態,其經濟政策以重本抑末、關閉海禁與官方工業三大政策。重本(農)抑末(商)的政策,而土地可以自由買賣,在實際運作通過貨幣土地之間的相互轉化,形成地主、商人、高利貸的同體,以致「富者愈富,貧者愈貧。」在傳統社會是先設立政權,再發展經濟,所以經濟是受管控,但若破壞城市化發展的自由,也無法成為客觀經濟規律。海禁政策亦使明代僅限於在自然經濟的型態。而僵化的官營手工業,所營造出是壟斷社會資源的體制。事實上,明代社會正出現新與舊、傳統與現代經濟的交錯所產生的問題,然而,明代以封閉的經濟政策,壓抑經濟發展,導致潛伏於其中的另一股推動社會改革與思潮轉變的原因。

在明代正、反兩種經濟視域的基礎,再論兩淮鹽業(泰州隸屬)。明代的制度體系是相當嚴密,可從鹽務體制〔註16〕中略窺,鹽業是高利潤的行業,使得朝廷對其管控是更嚴,採取「聚團公煎」的模式,故制定相關條例防止私煎,如按《大明律》記載:「凡鹽場灶丁等,除正額鹽外,夾帶餘鹽出場或私煎貨賣者……,杖一百,徒三年」、「不在本團煎辦者,即是私鹽,就便拿問……處以枷號一月。」(陳仁錫《皇明世法錄·鹽法》卷二九)這些都是官收鹽制度下,為防止私鹽透過對團、倉、灶層層的管控,並且灶戶

〔註15〕劉華:《泰州學派的經濟詮釋》,北京:中國文聯出版社,2001年。
〔註16〕劉華:《泰州學派的經濟詮釋》,北京:中國文聯出版社,2001年,頁15~19。

為提供鹽課收入的差役戶，編入灶籍的人戶，必須世代「以籍為定」、「世守其業」。另外，灶丁受到「各司差役勾擾」而導致灶戶大量逃亡。在鹽課收入取制是以「計丁辦課」，使得灶戶丁的鹽課負擔加重，這樣的稅制是「不量其產業厚薄，人丁多寡，一概每丁辦鹽二十小引，則貧者將何所措？是使富者愈富，貧者愈貧矣」（朱廷立《鹽政志》卷十）。在泰州亦有身為灶丁亦是佃農，因明代加惠於灶戶可享有墾地栽種之權，但是須交灶丁與佃農之稅。在泰州地區，隨著經濟重心的西移，而朝廷對泰州經濟的控管較為寬鬆，也使得當地民間文化有開展的空間，也才能有餘力於學術的發展。但王心齋於〈王道論〉篇中描述他當時的社會是：「今天下田制不定，而游民眾多，制用無節而風俗奢靡。所謂一人耕之，十人從而食之；一人蠶之，百人從而衣之。欲民之無饑寒不可得也。」（《遺集·王道論》卷一）在王心齋一介百姓的觀察，他們不用受於威權，能以最直接的方式表達，可知當時經濟是嚴重的分配不均。

萬曆時經濟危機更加嚴重，因為爭利的對象不僅是平民百姓，還轉移到有功名、田地的富民階層，我們可從東林黨的議論中可知，因為他們即是此階層，正是身受其害，神宗向政府爭奪財富，又派宦官為礦監稅使，到各地區使得「大璫、小監，縱橫繹騷，吸髓飲血以供進奉」（《明通鑒》卷七十四）這使得城市富民破產，到萬曆後期江南地區是「宦吏之視富民，如虎之視肉」。東林黨〔註17〕一面為維繫王朝的利益，一方面又得改善本身的困境，不得不反對礦監稅吏，與在朝官員及市井之民採取共同的訴求，此亦獲得社會輿論的支持。在儒家的理論中已深知經濟影響著社會，是「不患寡而患不均，不患貧而患不安」（《論語·季氏》）明代經濟在嚴重的分配不均，社會無法安定。據此，我們可瞭解到此種景況是背離儒家社會相當遠。

三、儒士的心態

在中國政治發展的脈絡，唐代「貞觀之治」乃是盛世，而此一半要歸於有魏徵的直言敢諫。明代正值勢強於道的政治模式，與義利不清的經濟條件之下，在公領域內直接影響是為人臣，而臣子即是儒者或是士人，他們正處於世態炎涼的環境，並且每況愈下。儒者是以何種的態度應世？是內聖外王

〔註17〕對於東林黨的角度看明末的問題，可參考劉志琴：《晚明史論——重新認識末世衰變》，南昌：江西高校出版社，2004年。

的意識作為判斷嗎？據左東嶺對於明初士人人格心態的討論，在君臣關係他有此看法，暗喻士人如同是以一種「妾婦心理」〔註18〕，居於被動地位。這種設想是有其理，但並未區分出有信念或無信念之士的區別，因真正能將明代儒者個人心理動機與時代因素之間相聯繫是一種內在的意識，以「是有所為，有所不為」──即是內聖外王，此乃是一種信念與價值的關鍵，是不同於一般長期浸潤在經典（五經四書）教化下而無自覺意識，卻只知假經稱儒的士人是有所質異。儒者在人倫秩序內自覺地朝向積極方面發展是以經世：由善其身到善天下，當然中間有重重的條件，才得以實現；又或者儒者在人倫秩序中自覺朝向消極方面則轉化心態：由險惡君臣關係中轉寰至修身以待（沉潛）。〔註19〕儒者亦以此為基礎意識以檢別佛、道，如以許孚遠《九解》的表述可以發現一些蛛絲馬跡，亦瞭解到其所蘊涵著的傾向。反之，有不認同儒家立場者則會以結果論的取向，懷疑者有善巧之嫌，就以「子曰：古之學者為己，今之學者為人」（《論語‧憲問》）論定儒者，由之，我們檢視儒者的動樞，如是真誠就無所謂善巧，從效果與方法論則是孟子所提出「權」的智慧，這無疑也是儒家面對以仁與禮的價值以判處境的一種心理。在明代顯然是以法家的模式：君王為重，輕臣民，以法、術、勢作為政治倫理的最高原則，以客觀秩序制度的建立。在儒者心中的君與臣的關係是在相互界定下形成，正如左東嶺所論：「皇上的寬容與臣子的忠誠終於鎔鑄了敢於直言勸諫的士人品格。」〔註20〕這即是孔子何以言「仁」是忠、恕。基此，確立內聖外王的意識，可區辨出積極與消極，亦有一種「中庸」，有人以為王陽明即達至內聖外王，就是基於此。雖據余英時《宋明理學與政治文化》對陽明的心態剖析上，也有相近以消極的態度面對出位的問題，但又從王心齋與陽明的對話內瞭解，這源於正德時君臣關係是緊張地；但是若加入陽明的生平學思，又或儒家對「儒」的設定是在教化意義下思考，陽明一面透過自身體悟，一面以致於良知教化的講學活動，即是內聖外王的心態所表現出的行

〔註18〕「猶如一位膽心驚的女子想方設法去討凶狠丈夫的歡心一樣，斷難達到平等和諧的情感交流，而祇能形成一種妾婦心理」左東嶺：《王學與中晚明士人心態》，北京：人民文學出版社，2000 年，頁 13～15。

〔註19〕狄百瑞（Wm. T. de Bary）與徐復觀都用「為己之學」一詞表達孔子以下儒學的學統。

〔註20〕左東嶺：《王學與中晚明士人心態》，北京：人民文學出版社，2000 年，頁 24。

為與活動。近人以為外王所指是政治領域，而非在儒學之「道德領域」內表達其外向性之終極關懷。〔註21〕

　　鄭宗義指出儒者對現實政治的態度：一是現實政治並不符合儒家的政治理想。二是他們仍盡力扭轉現實使之更接近儒家〔註22〕。或是由孟子的態度就可以解釋「君子有三樂，而王天下不與存焉。」（《孟子・盡心上》）明代的儒者很清楚其身處不能通達到的政治理想，而仍以儒者的精神處世，規勸君主誠意修德，也知抱負的實現是必須有相當客觀條件來配合，故以「莫之為而為者，天也；莫之致而至者，命也。」（《孟子・萬章上》）由於天命的限制，我們本性未必能使我們得到王天下之樂，但復歸於自身的德性。在儒學中兩種理論理學與心學相較之下，心學是以積極的態度──以自我擔當（存心勉力為善）對時代回應。儒家的政治倫理以仁禮為核心，不止於建立客觀秩序，更看重人心的歸向。而泰州之學能於中晚明興起，也說明當時儒者乃是基於內聖外王的意識運作下，所產生對於政治與社會人倫的批判，這至孔子則以「作春秋，而亂臣賊子懼」。同樣王心齋亦有此感概於一般士人的作為，其曰：「方士大夫汩沒於舉業，沈酣於聲利皆然也。」（《遺集・年譜》），另又可據顏鈞（字子和，號山農，又號耕樵，後更為鐸，因避萬曆帝諱）的表述中可以發現，他從人心與政治觀察，其言：「今世人心，嗜欲根盤，我朝治化，日入巍煥，……人心槃欲，不仁以極，身納罟獲，動招恥戮，其道窮也」（《顏鈞集・告天下同志書》卷一）他指出人心以欲為重，而政治與社會頹敗無序，如於置身網羅中，進而，欲扭轉此種情勢，所以他從各種關係所組成的逆象中提出六急六救，其言：

　　　一急救人心陷梏，生平不如存心養性，如百工技藝，如火益熱，競自相尚。二急救人身奔馳，老死不知葆真完神，而千層嗜欲，若火始然，盡力次好。三急救人有親長也，而火爐妻子，薄若秋雲。四急救人有君臣也，而烈焰刑法，緩民欲惡。五急救人有朋友也，而

〔註21〕針對這問題鄭宗義持不同看法，認為其未細察，而李紀祥是依牟宗三先生所言的儒家的終極關懷而有此說，李氏將教化規為內聖的外推，並以虛線表示可接至外王。但鄭氏其言宋明理僅有內聖。吾人以為李氏受限於於「政治領域」一詞，若以「公共領域」稱之，外王即不是狹義的政治。李紀祥：《明末清初儒學之發展》，台北：文津出版社，1992 年。鄭宗義：《明清儒學轉型探析》，香港：中文大學出版社，2000 年，頁 29。

〔註22〕鄭宗義：《明清儒學轉型探析》，香港：中文大學出版社，2000 年，頁 30。

黨同伐異，毀息信義。六急救世有游民也，而詭行荒業，銷鍊形質。

（《顏鈞集·急救心火榜文》卷一）

這表述他看到當時人與社會的矛盾與衝突，人與人疏離不親，綱常名教僵化，以嚴法為從，結黨營私，人人生活如行屍走肉般，於虛妄中擺渡，人心無所依託，個體精神不自由，靠著律法強護住人心。儒者與一般人不同之處是能自覺，並試圖勉力為善，這即是「樂天知命」的態度，亦正使得不歸於宗教的儒家道德觀，具有一種宗教才特有的信念與情操。明代理學家在心學的涵化下，又處於人與社會的矛盾之中，才有泰州之士以積極的態度參與其中，推動一般士人囿於傳統假經稱儒下的意識大石，因而背負「狂禪」或「異端」之名。因而，我們須省察王心齋與其後學是否脫離儒者態度。

第三章　陽明學與泰州之學的親疏

　　王陽明與王心齋是師徒關係，或是師友關係？如果是師友關係是不是需要傳遞其學說和主張，一般我們對王學門人的理解和解讀，是順同和按照陽明主張和學說便是傳承的主要弟子，認為弟子必然要對師的主張支持和維護是親近老師，而有以師的學說基礎上又闡發自身理論的弟子，是疏離師之說。按這種思維，王心齋會是疏離師之說的弟子。

第一節　陽明與王心齋身心安頓的爭議

　　在明代學術主以理學和心學，理學的議題是「太極理氣」、「理一分殊」，心學則是以存有者的心性問題為關懷，將視域轉向人的特性和人與道、天理（宇宙）的關係，再深入進行探討人心主體的特質之外是否還有其他的物，依此為起點討論人的身心該如何？以時間和空間的條件下，陽明和王心齋的思想傳遞，我們可見到他們思想的互動是不足，吾人企重新檢視陽明和王心齋的思維。從陽明與王心齋的生命歷程促成兩人的互動和思想分辨，又從兩人格物論的趨向性下，探討文獻上陽明對王艮的異議的不顯，其次，兩人良知（致知）與《淮南格物》的分殊；再針對陽明與王心齋他們「致良知」的討論，探知兩人如何言說「致良知」的思維，我們可能清楚地看到「王門」和泰州的頭銜和他們身心安頓的分殊和爭議。

一、陽明與王心齋個體性的分殊

　　在明代學術主以理學和心學，理學的議題是「太極理氣」、「理一分殊」，

心學則是以存有者的心性問題為關懷，將視域轉向人的特性和人與道、天理（宇宙）的關係，再深入進行探討人心主體的特質之外是否還有其他的物，依此為起點討論人的身心該如何安頓？他們以理、性、心等概念的界說和闡述，進行講學和教化的活動，讓一般人可確立人在現世的狀態和情況，以展開如何去理解個人和對待外境（家、天下）的方式。在《明史·列傳一七一·儒林二》記載著他們兩人的關係是：「而泰州王艮亦受業守仁，門徒之盛，與畿相埒，學者稱心齋先生（以號稱呼他）。陽明學派，以龍溪、心齋為得其宗。」在《明儒學案》中對王心齋也是陽明後的「泰州」學派是早期研究的學者〔註1〕多數認為他是從王門流出的八個學派之一。其實，陽明對王心齋的關係在《傳習錄下·黃省曾錄》〔註2〕二處是以王汝止「字」稱他，如：在312（1523年）條內，記錄他和陽明、薛尚謙、鄒謙之、馬子辛同坐，對於平定寧藩之亂後，天下人的誹謗情況，陽明請大家提出其中原因，所提三原因沒有個別的發言對象，只有提到功業高、學問倡名、遊者越多。這裡無法看到兩人的互動如何？但從稱謂可知，這裡凸顯王艮在王門的關係和往來問學。這顯示陽明個人的自知，如今才作個「狂者」的氣象，這是一種身心安頓的存在，或是僅是安心的存在？另一處在313條內可見他和陽明的互動情況，他們的對話是由陽明問：「遊何見？」，王心齋對答：「見滿街人都是聖人。」陽明回應：「你看滿街人都是聖人，滿街人倒看你是聖人在。」陽明以反語方式言說，如近於禪宗心念來自於心是的內容是什麼，倒映出人的主體會是什麼。王艮的言說，這是一種身心安頓的存在，或是僅是安心的存在？

如果以當時的時間和空間的條件，由兩處說明他們思想傳遞關係，顯然是不足地。他們問學、互動和相待關係的有限，但可知王心齋明顯是王門弟子。另《明儒學案》稱其心齋，以他個人的里籍的方式劃分〔註3〕，而《明

〔註1〕容肇祖《明代思想史》、嵇文甫《王學左派》、楊石天《泰州學派》、侯外廬《中國思想通史》、任繼愈主編《中國哲學史》、岡田武彥《王陽明と明末の儒學》。

〔註2〕《傳習錄》上中下卷代表不同成書的三個時期，上卷刊刻於正德十三年（1518）八月、中卷刊刻於嘉靖三年（1524）十月、下卷刊刻於嘉靖三十五年（1556）四月，王艮於1522年拜見陽明。饒宗頤主編：《傳習錄》吳震、孫欽香導讀及譯注，香港：中華書局，2015年，第8～9頁。原文可參陳榮捷：《王陽明傳習錄詳註集評》，台北：台灣學生書局，1983年，第355～357頁

〔註3〕麥仲貴：《王門諸子致良知學之發展》，香港：香港中文大學出版社，1973年，第38～39頁。

史》也相同，無疑將王心齋與王門的關係拉遠。於《傳習錄》看到是陽明論學並沒有師承或里籍地域分流的問題，而《明儒學案》是否基於時間的遞衍性，或是容易流傳和總結之便，而分流和分判王門的正宗性？或者是兩人雖有互動，王心齋之學有否異於陽明的心學？倘若因兩人的不同《明儒學案》特別以地域標識他，促使我們能重新檢視他們之間的師承下思想的流轉和漸變。

其次，在《明史》對於陽明心學的承繼景況：「守仁之門，從游者恆數百，浙東、江西尤眾，善推演師說者稱弘綱、廷仁及錢德洪、王畿。時人語曰：『江有何、黃，浙有錢、王。』然守仁之學，傳山陰、泰州者，流弊靡所底極，惟江西多實踐，安福則劉邦采，新建則魏良政兄弟，其最著云。」〔註4〕他當時講學和從眾的數量和地域，提到一些弟子，提到王畿（山陰），卻沒有提到王心齋，只指泰州者；又在《明儒學案》評論泰州：「陽明先生之學，有泰州、龍溪而風行天下，亦因泰州、龍溪而漸失其傳。」《明史》和《明儒學案》在王學的影響性地域有不同，但對泰州的流弊問題上看法一致。由此可知，《明儒學案》所隱含對陽明和王心齋學說有某些分判或預想，可供我們重新展開探究陽明和王心齋的思維內涵和兩人身心安頓問題。

二、陽明與王心齋格物論的趨向性

從時間和空間條件來說，兩個不同生命歷程的對於生命的思考和深刻度也有差異，哲學在思索人的問題，有本質與存在兩面向進行判斷與辯證，本質論相信存在一個不可變的、永恆的人性，會主張先驗的理、心、氣、無為主；存在論主要探討存有本身，即一切現實事物的基本特徵，會從經驗的身、心體為論。在《明儒學案・師說》綜合性的提出陽明的哲學重點，又在〈學案〉中紹述陽明生平，以提綱挈領的方式說明陽明哲學理論歷經：前三變，後三變。而王心齋的言說，《明儒學案》記述王心齋和其哲學時，所選取和闡發的先後是以「淮南格物」為先，其後才編入〈心齋語錄〉，這樣的編排或許是黃宗羲不將他列入「王門」理由？陽明和王心齋兩人在《明儒學案》視域下是如何？是否限於所選錄的哲學內容，而將他們分疏？這些問題將開啟我

〔註 4〕《續修四庫全書》編撰委員會編：《明史》，據北京圖書館藏清抄，上海古籍出版社，619 頁。

們理解陽明和王心齋的另一條路徑。

1. 陽明對王心齋的異議不顯

在《明儒學案》中，王龍溪和王心齋兩人有「二王」之稱，在〈師說〉：「心齋言悟雖超曠，不離師門宗旨。至龍溪，直把良知作佛性看，懸空其個悟，終成玩弄光景，雖謂之操戈入室可也。」黃宗羲在這將王龍溪和鄒東廓列入「師」之輩，王艮於王龍溪下提及王門有心齋、龍溪。在學案內王心齋沒列入王門，卻以只以地域稱，或許是因王心齋之後學門人。在思想的內涵和發展，王心齋乃是有個人哲學理論，在尚未成為師徒之前，陽明與王心齋兩人思想的基礎是不同基調，從陽明〈年譜〉和《王心齋先生遺集》相參可知，陽明與王心齋會面時，陽明剛形成他的致良知理論，後一年兩人會面。在《明儒學案》記述當時情況是：「有黃文剛者，⋯⋯文先生論，詫曰：『此絕類王巡撫之談學也。』先生喜曰：『有事哉！雖然王公論良知，艮談格物，如其同也，是天以王功與天下後世也；如其異也，是天以艮與王公也。』」〔註5〕在《明儒學案》兩人的會面是順利和在辯難後，王心齋心懾於陽明的簡易直截，又再見陽明因他不輕易信從，第二次辯難大服，才拜入門下。但王心齋門人〔註6〕的記述是不同，如在第一會面王艮問學於陽明，陽明笑而不答，他作〈鰍鱔賦〉〔註7〕；第二會在南野的勸說下，王艮再回到會稽見陽明，陽明認為王艮意氣太高，行事太奇，欲稍抑之。乃及門三日不得見。陽明送客出，王艮長

〔註5〕黃宗羲：《明儒學案》沈芝盈點校，台北：世華出版社，1987年，第709頁。
〔註6〕《明儒王心齋先生遺集》，民國元年刊袁承業編校本。不見傳世，而普遍傳世的版本是岡田武彥，荒木見悟同主編：《王心齋全集》，台北：中文出版社出版，1975年。和另一《王心齋先生全集》，樂學堂刻本相同。
〔註7〕「道人閑行於市，偶見肆前育鱔一缸，覆壓纏繞，奄奄然若死之狀。忽見一鰍從中而出，或上或下，或左或右，或前或後，周流不息，變動不居，若神龍然。其鱔因鰍得以轉身通氣，而有生意。是轉鱔之身，通鱔之氣，存鱔之生者，皆鰍之功也。雖然，亦鰍之樂也，非專為憫此鱔而然，亦非為望此鱔之報而然，自率其性而已耳。於是道人有感，喟然嘆曰：『吾與同類並育於天地之間，得非若鰍鱔之同育於此缸乎？吾聞大丈夫以天地萬物為一體，為天地立心，為生民立命，幾不在茲乎？』遂思整車束裝，慨然有周流四方之志。」節錄〈鰍鱔說〉這裡的「率其性」和「以天地萬物為一體」這近於張載的〈西銘〉思維或有學者認為近於湛若水的心性論，筆者認為此文該在見陽明之後而作較合理，因其論述的內容和思維過於跳躍，這可看到他的身心安頓意向。出王艮：《王心齋全集》日本嘉永元年（1846）和刻本影印，台北：中文出版社，第93頁。

跪，陽明不顧心齋隨入。學者們在對王心齋的看法，在所擇取是哪一種？在《王心齋全集》中〈鰍鱔賦〉不是和陽明會面後而作，而是陽明在父喪家居時，王心齋前往會稽所作。若更細緻的對照他們的學思時，我們必須關照到兩種觀點有相當的差異，前者是模糊強調辯難、王心齋的信服，沒論述兩人辯難的內容；後者則記述兩人的細節情況，及兩人會面並非順利，陽明因王心齋的行為而拒見，在袁了凡《兩行齋集》中也記述他們的會面〔註8〕，這和《王心齋先生遺集》的內容相同是兩人會面一開始是被拒因著異言異服，也沒有提到兩人辯難和思想。但《王陽明全集》和《王心齋全集》在兩人會面情況的描述和《明史·列傳一百二十五》相同。

　　學者對於晚明「二王」思想的異同探討〔註9〕，因為關切是兩人同流，主要是王學末流流弊的分辨，如躋陽明而為禪（狂禪）、蕩輕禮法，蔑視倫常（異端），自由解放（左派）、為學宗旨（現成派），研究陽明學的問題不免從這幾種途徑說明，而非從陽明與王心齋兩人的思想內涵作討論。在《王陽明全集》〔註10〕僅有四處可見王心齋。他們的互動，另外在《明儒學案》和王心齋後學的記述〔註11〕。我們若要瞭解兩人學思的意識，該在兩人相互問學的基礎，如何可再建構兩人的問學的互動？為了可知道陽明和王心齋兩方的觀點，探討和廓清兩人的思想內涵和身心安頓的看法，進而能看到他們是否同一或分殊？

〔註8〕「時嘉靖初立，方嚴異言異服之禁，諸同志恐為邏者所侮，共匿其車，勸止之，因送枝南還。陽明聞之怒曰：『士君子立身行己，自有法度，何自眩也？』公既抵家，及竭陽明，陽明拒而不納。工進而跪諸龐下，自晨至於日之暮，不敢起。陽明遂出見之，面數其過，公引咎自責，舉止藹如，陽明不覺釋然。」（《兩行齋集·王汝止傳》卷十一）。

〔註9〕吳光主編：《陽明學研究》，上海：上海古籍出版社，2000年，第183～185頁。

〔註10〕最早是由薛侃、歐陽德、黃弘綱、何性之、王畿、張元沖分頭蒐集材料，鄒守益彙總。嘉靖二十六，錢德洪在嘉義書院率先完成了自陽明出生到謫龍場的一段年譜。十年後，鄒守益委託錢德洪續其後，並編著了《王陽明先生圖譜》一冊。嘉靖四十一年，錢德洪與胡松赴江西安福喪弔鄒守益，順便將初稿拿到吉安，「就正于念庵（羅洪先）諸君子。現存《陽明全書》，就是在錢德洪等人苦心經營的基礎上，由《傳習錄》、《傳習續錄》、《陽明先生文錄》、《陽明先生文錄續編》、《陽明年譜》及《世德紀》等整合而成的。

〔註11〕《王心齋先生遺集》、黃直《奠文》、王臣《奠文》、越貞吉《王艮墓銘》、袁了凡《年譜》（《兩行齋集·王汝止傳》卷十一頁七下八下）、耿天台《耿天台先生文集卷十四》）。

2. 良知（致知）與《淮南格物》的分殊〔註12〕

在前提及《明儒學案》中記述陽明當時講學以良知論為立論,「時陽明巡撫江西,講良知之學,大將之南,學者翕然信從」和「時文成講良知之學於豫章」《王心齋全集》,所載是王心齋38歲,在尚未見到陽明前他即有所著〈孝弟箴〉以氣論作為存有的基礎和推導人是「外全形氣」,而說:

> 古有此輩,殷三仁焉。斷髮文身,泰伯之天;採薇餓死,夷齊之天;
> 不逃待烹,申生之天;啟手啟足,曾子之全。敬身為大,孔聖之言。
> 孔曾斯道,吾輩當傳,一日克復,曾孔同源。

這裡我們不難看到形氣論、曾子的手足論,其推崇和溯源於孔子思維,敬身概念可見於《小戴禮記・哀公問》或《孔子家語・大昏解》。再從,王心齋當時從黃塾師聽聞陽明的論說,他曰:

> 「此類吾節鎮王公之談。」先生喜曰「有是哉?雖然,王公論良知,某談格物,如其同也,是天以王公與天下後世也。如其異,是天以某與王公也。」

相參《明儒學案》摘錄王心齋的思想,先以裁選後的「淮南格物」說,再錄〈心齋語錄〉,可見和《王心齋全集・年譜》相同。

在《王陽明集・年譜二》〔註13〕和《王心齋全集・年譜》兩人相見是在陽明五十歲前,兩人論學是「致知格物」,同時也顯示王心齋自身歸結出個人重於「飾情抗節,矯諸外」,陽明重視「精深極微,得之心」,由此而知,兩人原初在身心觀的著重不同。形於外(飾情抗節)是以身的思考,形於內(精深極微)是心的思考。而〈年譜〉也記述陽明是在五十歲「先生始揭致良知之教。」由此,陽明的良知學和王心齋的致知格物論兩人的路徑是不相同,錢穆對王學歷程即以「良知」〔註14〕為論,在陽明討論良知概念,可見其遠可

〔註12〕黃梨洲引其師劉蕺山之說:「劉夫子曰:後儒格物之說,當以淮南為正。」近人章太炎說:「遂成千古定論。」

〔註13〕「泰州王銀服古冠服,執木簡,以二詩為贄,請見。先生異其人,降階迎之。既上坐,問:『何冠?』曰『有虞氏冠』。問『何服?』曰:『老萊子服。』曰:『學老萊子乎?』曰:『然。』曰:『將止學服其服,未學上堂詐跌掩面啼哭也?』銀色動,坐漸側。及論致知格物,悟曰:「吾人之學,飾情抗節,矯諸外;先生之學,精深極微,得之心者也。」遂反服執弟子禮。先生易其名為『艮』,字以『汝止。』」王守仁:《王陽明集》王曉昕、趙平略點校,北京:中華書局,2016年,第1075頁。

〔註14〕錢穆:《陽明學述要》,北京,九州出版社,2010年,第57頁。(原名《王守

承孟子，近則接明道與象山。《明儒學案》對陽明是以「致良知」、「良知是未發之中」、「知行合一」說明其學後三變。

若要分辨兩人的身心安頓的爭議，須聚焦在他們如何言說「致知格物」。如一方是以良知為基礎，另一方則是以「身之為本」，由此推知，兩方的存有論和思想的底蘊也不同。陽明認為：

> 知是心之本體，心自然會知：見父自然知孝，見兄自然知弟，見孺子入井自然知惻隱，此便是良知不假外求。若良知之發，更無私意障礙，即所謂『充其惻隱之心，而仁不可勝用矣』。然在常人不能無私意障礙，所以須用致知格物之功勝私復理。即心之良知更無障礙，得以充塞流行，便是致其知。知致則意誠。《傳習錄上》
>
> 格物，如《孟子》『大人格君心』之『格』，是去其心之不正，以全其本體之正。但意念所在，即要去其不正以全其正，即無時無處不是存天理，即是窮理。天理即是『明德』，窮理即是『明明德』。《傳習錄上》

第一層的界說，知是心，陽明推導概念以「心即理」的進路，視心是先驗而能自知，可落於經驗上和臨事（見父、見兄）的家庭倫理的內，這樣的聞見可同於孟子所舉的事例──惻隱之心。面對弱勢、陌生非親人的倫理者惻隱之心可感知，即良知緣於內。第二層深入提到良知的發動的特性是無私無礙，正符合孟子言說般盈滿此心。他分判常人無法按良知的特性而發，須以「致知格物」工夫，如象山本心，致知則意誠（正向是誠意）逆向回到良知的特性。陽明的「格物」意仍以孟子的理路說解，再出位（大人是官）的思維下，格是分辨君王而「去心不正」，進而意念選擇「以全其正」提出心與意念的關係，他視明（正）心即明德，即可達到「存天理」理念，非倫理關係的個人到家庭「心正而後身修・身修而後家齊」，而王心齋卻關懷在於身修方面。

在〈大學〉「先致其知，致知在格物」於前提及王心齋的信仰是曾、孔，其關注於孔子更甚於孟子〔註15〕，尤其他在格物論時，在相參〈大學〉，或許我們可以了解王心齋的思維的不同，其曰：

仁》，初版 1930 年。）

〔註15〕王艮：《王心齋全集》日本嘉永元年（1846）和刻本影印，台北：中文出版社，第 73 頁。在《王心齋全集》中可見他提到孔子共 97 次，孟子共 34 處，其中並提孔孟 5 處，以前後文提及孔孟共 2 處。

格如格式之格，即後絜矩之謂。吾身是個矩，天下國家是個方，絜矩，則知方之不正，由矩之不正也。是以只去正矩，卻不在方上求，矩正則方正矣，方正則成格矣。故曰物格。吾身對上下前後左右是物，絜矩是格也。「其本亂而末治者否矣」一句，便見絜度格字之義。大學首言格物致知，說破學問大機括，然後下手功夫不差，此孔門家法也。《王心齋全集‧卷三語錄下》

　　他不以「正」訓格，而是格式（形質），他以後面〈傳〉中「釋治國平天下」的絜矩界說，「興孝」「興弟」與〈孝弟箴〉的意識是一致的。「格」意指形質，也符合〈孝弟箴〉的形氣論。他是以《大學》的內文「絜矩」解說格，這在位者（治其國者）的視域言說如何對待老則民能孝。他舉個人和天下的關係，如矩和方的原理，在《禮‧經解》：「規矩誠設，不可欺以方圓。」《爾雅‧釋詁》法也。《論語》不踰矩。在分辨上該以矩為規準，由矩不正，而方才不正，所以選擇求正身不求方（天下）。基本的正身（內屬），天下（外緣）也就方正。他不說格物（正物）而是物格（物的法度），因他演繹「吾身」（個體）和〈大學〉「絜矩之道」空間次序概念是物，格意指是絜度，如《朱子‧章句》：「絜，度也。」，他以〈大學〉內文「其本亂而末治者否矣」強調這意指，他言說「格物致知」其實是在〈傳〉釋格物至知，是以知本‧此是知之至也。這在另外一處亦可見〔註16〕。相參這段《明儒學案》所錄的淮南格物的

〔註16〕先生以「格物，即物有本末之物。身與天下國家一物也，格知身之為本，而家國天下之為末，行有不得者，皆反求諸己。反己，是格物底工夫，故欲齊治平在於安身。《易》曰：『身安而天下國家可保也。』身未安，本不立也，知身安者，則必愛身、敬身。愛身、敬身者，必不敢不愛人、不敬人。能愛人、敬人，則人必愛我、敬我，而我身安矣。一家愛我敬我，則家齊，一國愛我敬我，則國治，天下愛我敬我，則天下平。故人不愛我，非特人之不仁，己之不仁可知矣。人不敬我，非特人之不敬，己之不敬可知矣。」此所謂淮南格物也。黃宗羲：《明儒學案》沈芝盈點校，台北：華世出版社，1987年，710頁。或問：「反己是格物否？」先生曰：「物格知至，知本也；誠意正心修身，立本也；本末一貫，是故愛人治人禮人也，格物也。不親、不治、不答，是謂行有不得於心，然後反己也。格物然後知反己，反己是格物的功夫。反之如何？正己而已矣。反其仁治敬，正己也。其身正而天下歸之，此正己而物正也，然後身安也。知明明德而不知親民，遺末也，非萬物一體之德也。知明明德親民而不知安身，失本也。其本亂而末治者，否矣。亦莫之能親民也。知安身而不知明明德親民，亦非所謂立本也。」《王心齋全集‧卷三語錄下》王艮：《王心齋全集》日本嘉永元年（1846）和刻本影印，台北：中文出版社，第74頁。

整全引文，不見於《王心齋全集》，而是分散在不同的文義脈絡中。如黃宗羲所錄裁接是兩種理論接合：一是〈大學〉的致知格物，另一是近似《明哲保身》：「能愛身者，則必敬身如寶。能敬身，則不敢不敬人。能敬人，則人必敬我。人敬我，則吾身保矣。」所提愛身、敬身，知身安，兩者文脈不同。但可見散落在他所錄〈心齋語錄〉可見所錄「淮南格物」的片段。筆者所採的文本，可見於他所錄〈心齋語錄〉。

在此，王心齋仍主張本末一貫論，還進一步強調兼顧心和行的思維，所以他認為「不親、不治、不答，是謂行有不得於心，然後反己也。格物然後知反己，反己是格物的功夫」本體在行時不從心，須透過反己為功夫（末），回到本體正己（絜度：仁、治、敬）。在此，王心齋顯示出個體的正己（身）天下歸→物正→身安→明明德親民→正己（身）他乃設定一種循環式的世界觀。和之後王心齋曾與同門諸友（嘉靖戊子）會講會稽書院，提出「百姓日用之學」也就是正己論下的發展。

在兩人相見前陽明主張的「致其知。知致則意誠」，不同於王心齋「格物至知」。雖然他們都奠基於〈大學〉的文本，表達不同觀點，進行言詮或批判，各有其論證的思維，也看到他們所側重的面向是不同，陽明重於彰顯天理的明心、明德，他以意誠即知的本體（安心）的方式，能精微從意念上言說；王心齋主張本末一貫的吾身（己）和天下，透過行而反身。他以工夫返歸本體的方式。學者對王心齋的理解，其哲學是「順格物以安身義，言致良知之工夫」〔註17〕。一般研究王心齋時，要看到他的安身是較容易的，隱含在安身後是「正己」，其實是他的心的內容（絜度）意指是仁、治、敬之心，雖不如陽明標舉主體的意誠的精微，卻是從倫理道德問題上言說。而《明儒學案》對陽明和王心齋之學有所評論，它對王心齋的安身是如此說：「然所謂安身者，亦是安其心，非區區寶此形骸知為安也。」、「安其身而安其心者上也，不安其身而安其心者次之」、「孔子修身講學以見於世，未嘗一日隱。」這裡分判身心安頓的關鍵是以〈大學〉的原意。

三、再論陽明與王心齋的致良知

如前所述，依《王陽明集・年譜》陽明在五十歲時提出「致良知」之教，

〔註17〕麥仲貴：《王門諸子致良知學之發展》，香港，香港中文大學出版社，1973年，第115頁。

這時間是在與王心齋會面後而具體的提出其教。在此，他們彼此不知對方的言說，在「致知格物」的內容，或受限於在〈大學〉的思維，但置換另一個「致良知」議題，是否仍如前所限？也再探究兩人身心安頓的爭議。於此，針對陽明〔註18〕的「致良知」教〔註19〕的討論，在錢穆分條闡述王學，他將此置於良知、知行合一之後，因為他認為：「致良知即是徹根徹底不使一念不善潛伏胸中的方法。」〔註20〕前者視為陽明的哲學標示，後者視為方法。於此，同時突顯「致良知」的分判相當的重要性，也是再建構兩人身心安頓對話的關鍵。

1. 憂患生死下的誠意和「當下」

陽明致良知的提出情況，在他個人生命經歷國家的變亂，讓他更堅信「良知真足以忘患難，出生死」，他留下書信給鄒守益，其曰：

> 近來信得致信得致良知三字，真聖門正法眼藏。往年尚疑未盡，今自多事以來，只此良知無不具足。譬之操舟得舵，平瀾淺瀨，無不如意，雖遇顛風逆浪，舵柄在手，可免沒溺之患矣。」……又曰：「某於此良知之說，從百死千難中得來，不得已與人一口說盡。只恐學者得之容易，把作一種光景玩弄，不實落用功，負此知耳。《王陽明集·年譜二》

陽明表述從個人生命體驗中，相信更是成為個人集中心力，不懷疑認為可靠是「致良知」，以前他還有質疑它，經歷過一連貫的變亂證呈「良知」不是用「學」然後知，而是體驗而得證，所以他的良知是具有普遍性，如其舉「操舟得舵，平瀾淺瀨」都可如「意」。陽明是以「意」指涉良知。陽明擔心落在言說上，「學」然後知是不足以至（知）、得知容易，將推極良知變成情形、境況，最後他強調該實落用功，才是知道。相參鄒守益在〈陽明先生文錄序〉說：「學出於一，則言求心矣；學出於二，則以言求言矣。守益力病於二之而

〔註18〕王陽明全集共有三十八卷，《傳習錄》占前三卷。張君勱認為：「『心即理』及『致良知』之間的討論，是構成《傳習錄》的核心問題。尤其我們可以在此書見到陽明表述的簡潔與清晰。」《王陽明——中國十六世紀的唯心主義哲學家》江日新譯，台北，東大圖書股份有限公司，1991年，第51頁。

〔註19〕牟宗三：《王陽明致良知教》，台北，中央文物供應社，1980年。此書將陽明的思想視為「致良知」，在書中篇有〈致知格物窮理盡性〉、〈知行合一〉、〈良知與中和〉等。

〔註20〕錢穆：《陽明學述要》，北京，九州出版社，2010年，第63頁。

未也，故反覆以質於吾黨。吾黨欲求知言知要，其惟自致其良知乎！」兩人同強調「知言」是不能知道良知是什麼？從自己推極到心（良知）即可。

陽明在〈答歐陽崇一〉（1526 年）中，歐陽崇質疑良知無法安寧「事」，當迫於事勢，如何能顧精力？或困於精力，如何能顧事勢？陽明回應他，良知是須培養，對初學可以如此說，並沒有不好，但將它作兩事看，便有問題。陽明首先界定觀念，提孟子的「必有事焉」，君子之學終身只是集義。他認為心得其宜就是義（內）。回覆時以兩組概念「致良知」和「致其良知」。可見兩層次是不同，第一層定向是「集義是致良知」陽明運用孟子的理論說明心，可於往來應和變化，遇情況而用，考量是停（意指思慮添加其他，就非本然），是「致其良知」。陽明認為致良知是心的應當狀態，心有考量停止是「致其良知」，心會設法得到自己不滿和怨恨。第二層用事例界定致良知，他先舉不是致良知（意指排除）：「心故君子素其位而行，思不出其位，凡謀其力之所不及而強其知之所不能者」孔子的事例；後舉致其良知是：「凡勞其筋骨，餓其體膚，空乏其身，行拂亂其所為，動心忍性以增益其所不能者」孟子的事例，他的事例只正面說「致其良知」。逆向思考「不是致良知」的內容，筆者按其思維置入「宜」，介於過和不及。「致良知」的事例是「凡謀其力之所宜而不強其知之所不能者」，這即如恰如其份的思維。第三層他正面回應所問無法安寧之事，是先有功利之心，計較成敗利鈍而愛憎取捨於之間，是自私用智，便是，便不是致良知。他認為一切的學問功夫在誠和偽，致良知（心得其宜）是一切，「義外」只是「意」欠誠一缺真切的原因。這同於他在致知格物的意誠。

陽明在〈答聶文蔚〉（1528 年）中，同於前所界說「集義只是致良知」，他發現以「集義」一概念不能立即思考它。特別加入時間條件說明它，提及「當下」、「時時刻刻」，可即時實踐用功。他澄清言說「致良知」的原因，是隨時就事上「致其良知」強調良知之用，便是格物；強調「著實」去致良知，便是誠意。接著，他順著〈大學〉的脈絡，著實「致其良知」，而沒有意必固我，便是正心，這用《論語‧子罕》：「子絕四：*毋意，毋必，毋固，毋我。*」戒除四件事：不任意猜測，不主觀武斷，不固執己見，不自私為我。在陽明解釋為正心。再佐孟子的「自無（勿）忘（沒有意必固我）自則無（勿）助」的問題說明「致良知」，他對孟子說得忘助說明，是就告子得病處立方。告子強制其心，是助的病痛，故孟子專說助長之害。順此，他提出良知（心之體）的存在論主張「時時刻刻就自心上集義，則良知之體洞然明白」。陽明以兩種理

論兼論「致良知」，這連接〈大學〉格物和意誠，他特別在此推崇「格致誠正」，讚揚此理論的本質是「極精一簡易，為徹上徹下，萬世無弊者也」，還未孟子澄清「集義養氣」的理論是因病理方。

2. 本（身）末一體的誠心

據《王心齋全集·年譜》記述王心齋三十八歲（1520年）歲與陽明會面因心服於陽明之學拜於門下。在四十三歲（1525年）王心齋因著鄒守益任職內翰謫判，在廣德建書院，聘王心齋為講席。他作《復初說》，鄒守益因此為書院命名「復初」，刻其說於中。陽明和王心齋彼此知道對方之學，王心齋是否依照著陽明之學，還是有所分殊？

在王心齋闡述「致良知」不從生命的憂患、生死上著眼，他關注在外緣的治理天下的根源，等同於「身」。「端」萌也，始也，首也；或是端，正也。他將「端本」演繹成「誠其心」是以〈大學〉的脈絡，仍依著「物有本末·事有終始·知所先後·則近道矣·」的思路，加入「復其不善之動」界說誠心的內容，「不善之動，妄也。妄復，則無妄矣。無妄，則誠矣。」他前陽明提到「無（勿）忘」是孟子所提，王心在此的「無妄」是《易》：「天雷無妄」，代表至為亨通，利於持守正固，占問有利。如果不守正道則有災禍，不利於有所前往。他意指則誠是持守正固，凡事要務實。所以誠便無事。他前後一致的強調「本」，學而成為聖人，即是誠心（同是復其不善之動），兩層次上分別良知和「致良知」，知道妄，是良知；知道妄而返，是「致良知」關鍵在於「致（復）」返、還。《易》：震下坤上，復卦。這同於前致知格物的循環之說。他的思想理論的底蘊是以《易》。他也提及孟子的觀點，論「致良知」，他說：「無為其所不為，無欲其所不欲」，只是致良知便了，故曰：「如此而已矣。」《王心齋全集·語錄上》這同於《孟子·盡心章句上》所說，指是王心齋加入致良知。無妄、無（原《孟子》說：不）為和無（不）欲，相參《孟子》完整原文脈絡，更可了解他的致良知的內涵。

王心齋在「格物致知」的本末一貫論，在他的澄清「致良知」的觀點中符合。他思想的核心是以「故正諸先覺，考諸古訓，多識前言往行而求以明之，此致良知之道也。」他舉孔子的言說，「不學詩，無以言；不學禮，無以立。」、「五十以學易，可以無大過。」，又舉孔子對子貢「多學而識之」認為非，在於不知本末「子貢不達其簡易之本，而從事其末」是支離外求，而失掉原有。他以「吾道一以貫之。」解釋良知的本、良知的用、體用一原也。他以

良知為主要根本，用以而多識前言往行（意指宋明的知識：見聞之知）作為蓄德（意指：德行之知）。

王心齋討論「致良知」早於《明哲保身》，也不見以〈大學〉脈絡解釋致良知，而是提綱：本末一體。在《明儒學案》的「淮南格物」的內容，如添入「愛身、敬身」的思想，是另人困惑。如有針對的對象和特定的情況下，在〈年譜〉中，王心齋四十四歲（1526 年）王瑤湖臣守泰州時，建安定書院，邀請他主教事。後因王瑤湖轉官北上，他作《明哲保身論》贈給王瑤湖，並作《書院集講記》與諸友。這合理為什麼言說「保身」。當然，良知看法的深化在他四十五歲（1527 年）會湛甘泉若水、呂涇野楠、鄒東廓、歐南野於金陵新泉書院。聽到甘泉講「隨處體認天理」六字以教學者，其意與文成稍有不同。王心齋作《天理良知說》。和陽明良知（致知）、良知發用和中和。兩人進路和底蘊都是分殊的。

四、陽明與王心齋身心安頓的爭議

若要瞭解陽明和王心齋的爭議和學思，該在兩人問學、互動、相待的基礎。如何可再建構兩人的問學的互動？為了可明白陽明和王心齋兩方的觀點，探討和廓清兩人的思想內涵和身心安頓的看法，進而能看到他們所爭議為何？從陽明與王心齋的生命歷程促成兩人的互動和思想分辨。先從他們的格物論上，探究在良知（致知）與《淮南格物》是同一還是分殊，他們的爭議是陽明主張的「致其知。知致則意誠」，不同於王心齋「格物至知」。雖然他們都奠基於〈大學〉的文本，表達不同觀點，進行言詮或批判，各有其論證的思維，也看到他們所側重的面向是不同，陽明重於彰顯天理的明心、明德，他以意誠即知（行不顯）的本體（安心）的方式，能精微從意念上言說；王心齋主張本末一貫的吾身（己）和天下，透過行而反身。他以工夫返歸本體的方式。

再論陽明與王心齋的致良知，透過置換另一個「致良知」議題，觀看兩人的言說，也再探究兩人身心安頓的爭議。這可發現陽明致良知主張是憂患生死下的誠意和「當下」和王心齋主張是本（身）末一體的誠心。兩人在哲學思路上是分殊，他們爭議是陽明側重個人經驗後的憂患生死下的誠意和「當下」，側重在心安；王心齋重先驗故「正諸先覺，考諸古訓本，（身）末一貫，他以良知為主要根本，佐以而多識前言往行（意指宋明的知識：見聞之知）作為蓄德（意指：德行之知），他重倫理道德的知行。

在此僅能擇取兩人各自主要議題，去建構兩人互動和探討兩人有限的言說，每一議題也僅以少量和部分言說來分辨，可能有關照不全或遺漏其他重要性的議題，如兩方的「知行合一」、「保身」。

第二節　王心齋學思與泰州之學

一、王心齋的學思歷程

王心齋泰州學派創始人，亦是一為平民學者，生於明憲宗成化二十年，卒於明世宗嘉靖二十年，泰州安豐場（今江蘇東台）人。他的學思歷程我們扼要可區分為三個時期看其發展：1.自學時期（三十七歲前），2.從學於陽明（三十八至四十二歲），3.自立講學（四十三至五十八歲）。此可參考附錄一。

第一時期：王心齋家鄉位於黃海之濱的鹽場，那裏的居民主要從事鹽業生產，他世代乃為灶戶，自己亦曾做過灶丁。七歲曾受過鄉塾之學讀《大學章句》，對他日後會入孔廟與崇尚儒學有所影響。到十一歲因家貧而停止就學，十九歲即跟隨父親商遊四方，籌措家計，家境好轉。二十五歲與「同里人商販於東魯間」（《遺集·耿定向王心齋傳》卷四）客山東過闕里參拜孔子廟，感激奮然有任道之志，於是他將《孝經》、《論語》、《大學》置於袖中，不時逢人質義，日久能隨口談解，真正的自學是從二十七歲開始，「先生雖不得專功於學，然默默參究，以經證悟以悟釋經，歷有年所，人莫能窺其際也」（《遺集·年譜》）。他歷經灶丁、商賈而為學者，曾經歷轉折才踏上尋聖志之路。尤其在「無宿學者」（《王心齋全集·王心齋墓銘》卷五，以下簡稱《全集》）趙大洲提及當時王心齋家鄉師資窘困的情況之下，而他不得不四處求教。在近人的研究有將此論證其晚年不重視教師的證明，為此還須商榷〔註21〕。二十九歲他有所頓悟，有「心體洞徹萬物一體，宇宙在我之念，益真切不容已，自此行住語默皆在覺中。」（《全集·趙銘耿傳》卷五）他自我意識到一些道理。在此也奠定他日後的志向和焚膏繼晷的體道態度，「默坐體道，有所未悟，則閉

〔註21〕在《中國明代哲學》一書所引「有別先生者，以遠師教為言。先生曰：『途之人，皆明師也，得深思。』」（《全集》卷三）這或許是說明王心齋是重真理的態度，而不拘於門戶之知為準，而是認為在「見賢思齊，見不賢而內自省」的前題下，人皆可為師。若只以師說為是，則儒者是無理性。見李書增等，《中國明代哲學》，鄭州：河南人民出版社，2002年，頁534。

關靜思，夜以繼日，寒暑無間，必期有得。自是有必為聖賢之志。」直到三十二歲時，初試啼聲開始講說經書。三十三至三十七歲偏重於經世方面：打理家族事宜。

第二時期：正德十五年（1520）陽明在江西講學。當時，塾師黃文剛（吉安人，寓泰州）聽王心齋講論《論語》首章，之後向王心齋提到陽明的觀點是與他相近，王心齋聽到很高興，其曰「有是哉！方士大夫汩沒於舉業，沈酣於聲利皆然也，信有斯人論學如我乎！不可不往見之，吾將就正可否，而無以學術誤天下。」〔註22〕《遺集·年譜》他有鑑於世道的衰微，一方面表達出他對自己的學問已深具信心，已可糾正學術；另一方面表述他訝異還有與自己同道之人，所以想去會見此人。於是稟告老父，徵得其父同意，其身著自製的冠服寬即動身前往豫章（江西南昌）。王心齋直驅陽明所隸之衙門，他向衙人求見但衙人不理，於是他賦詩明志，其云：

> 孤陋愚蒙往海濱，依書踐履自家新。誰知日日加新力，不覺腔中渾是春。聞得坤方布此春，告違良地乞斯真。（《全集·年譜》卷三）
> 歸仁不憚三千里，立志惟希一等人。去取專心循上帝，從違有命任諸君。磋磨第愧無胚樸，請教空空一鄙民。（《全集·年譜》卷三）

兩首詩的表述，前者是講述求見的目的（乞斯真），由他的生平自學和現在所體悟亦如陽明（「春」生意盎然），後者是表達其志向和求教的意願。陽明閱此，乃即請心齋進入會面。王心齋首先提及於舟上所夢此會面之景為開場白，而陽明認為「真人無夢」，王心齋反問陽明：「孔子為什麼夢見周公？」就此至少表述出王心齋不畏陽明官位與學問，有己見而勇於提出。接著，王心齋又論天下事，陽明即阻止，其曰：

> 公曰：「君子思不出其位。」

〔註22〕同樣記述這段經歷有兩種不同版本：一是《遺集·年譜》，另一是在《明儒學案》的記述：「雖然王公論良知，艮談格物，如其同也，是天以王公與天下後世也；如其異也，是天以某與王公也。（《全集·趙大洲王心齋墓銘》卷五）錢穆和李書增等《中國明代哲學》一書之乃據此，認為王心齋在從學前已形成自身的體系，並以為淮南格物說即於此成形。黃文剛提到有與王心齋相近觀點，王心齋立即回答兩人學術是相同，是陽明之學傳於後世，如兩人不相同，是「天」意以王心齋與陽明。這表述是有不合理之處，似乎表現出王心齋對自身學問謙虛的態度，和似乎一開始就很清楚陽明之學，所以鄙見以為前段表述是較合於初聞者態度。

先生曰：「某草莽匹夫，而堯舜君民之心，未嘗一日忘。」公曰：「舜
居深山，與鹿豕木石游居，終身忻然，樂而忘天下。」先生曰：「當
時有堯在上。」（《全集‧年譜卷三》）

陽明以朝為官的立場，從王心齋的身份婉轉勸其不需考量政治，理由是
以舜喻平民之樂，而王心齋清楚的表述其心，雖然他僅是平民但仍該有「君
民之心」，其言外之意更表達出如有明君為帝，而舜才能享生活不憂。這意蘊
王心齋也知平民之職，但現實國家無明君（明武宗是有名昏君）人們不該忘
記天下。於此，我們可知陽明在治道的理念是不及王心齋有理想高，或許係
囿於本份（官吏）的意識他們後再論致良知時，王心齋自歎不如陽明：「簡易
直截，我所不及也。」便拜陽明為師，而陽明亦應允收為弟子。隔日，王心齋
又重訪陽明，因悔輕易拜師，請求再深入討論，結果王心齋心服於陽明。陽
明也因此對王心齋肯定：「有疑則疑，有信便信，一點不苟且。」並且在其門
人面前論及他為王心齋所感動，此意謂著兩人論良知都有所獲，王心齋得知
「致良知」的理論，陽明亦受王心齋對追求學術的熱忱影響。之後王心齋告
歸回鄉，陽明挽留他，在陽明聽完王心齋告歸的理由是要請示於父親，陽明
對門人講述他對王心齋的評論是：「這是真學聖人啊！……諸君不及也。」在
從學階段，王心齋是經過思辨的過程才入陽明之門，而陽明也深受王心齋的
熱忱所感。當王心齋至越協助陽明建書院時，建議陽明該宣揚其學，讓天下
都能受惠與啟迪，但陽明未有所回應，於是王心齋便臆想以仿孔子當時周遊
列國的蒲輪車，以所製之車與身著冠服上京宣揚師說，此舉「驚動廊廟」，因
在當時王學尚不受權貴們所重，所以同門勸他離開京城。在王心齋從學期，
雖尊崇「致良知」但他卻又仿孔子行誼，而其由京城返歸後欲面見陽明，被
陽明拒於門外，他即知道自己行為已過度而長跪門外謝罪，遂得到陽明的原
諒，自此，王心齋言行舉止便能得宜，他自己描繪自身的改變是「斂圭角，就
夷坦。」四十一歲時，他開始服務大眾：如以勸吏賑災與煮藥濟民。四十二歲
時，陽明於會稽築書院，王心齋也開始講授「百姓日用發良知之學」，王心齋
之後協助陽明教其諸生。

第三期：嘉靖四年（1525），四十三歲，鄒守益建復初書院聘他為講席，其
作〈復初說〉；四十四歲，泰州新建安定書院其知府王瑤湖邀請王心齋任主教事
一職，王心齋八月作〈安定集講說〉、十月作〈明哲身論〉贈王瑤湖北上，勸告
其宦途之險，若不以保身則何能天地萬物為一體。於此時，林春數十人投其門

下，他授《論語》首章，作〈樂學歌〉；四十五歲至金陵與湛若水、呂柟、鄒守
益、歐陽德聚講新泉書院，作〈天理良知說〉，又有王俊、宗部、朱軿、朱恕、
殷三聘來學；四十六歲，於會稽講授百姓日用是道，與招俞文德來學。陽明辭
世，他約同門之人經理陽明之家。十一月徐楓、張士賢來學。四十七歲，於會
稽講學。四十八歲，於金陵會鄒東廓、毆陽南野等人，聚講於雞鳴寺。四十八
歲至五十二，其定居家鄉，四方從學者日益增加，王心齋有時往來會稽經理陽
明公家，或和歐陽南野方僉金陵討論致良知，五十四歲與王龍溪會於金山論學，
而洪覺山建東陶精舍，訪王心齋論簡易之道，後請訂鄉約，作〈勉仁方〉給在
學諸友。五十五歲王心齋玩《大學》，而悟格物之旨，十一月御史疏荐王心齋於
朝廷，他回覆後，而作〈林子仁書〉。五十六歲作〈再答林子仁書〉，他會晤運
佐王公、州守陳共理，他們事請王心齋為他們經劃。五十七歲，王心齋多病於
榻上講論，又值羅念庵來訪，其與羅念庵論學，遂作〈大成歌〉以贈念庵。五
十八歲十二月過逝。〔註23〕在此時期，王心齋透過講與學，再結合之前的學思，
逐漸完成自身理論體系。該如何論王心齋的學術？或許我們可藉由王心齋之子
王襞（1511～1587，字宗順，號東厓）的表述瞭解，其曰：

> 愚竊以先君之學有三變焉，其始也，不由師承，天挺獨復，直以聖
> 人自任，律身極峻；其中也，見王陽明翁而學猶純粹，覺往持循過
> 力也。契良知之傳，工夫易簡，不犯做手而樂，夫天然率性之妙，
> 當處受用，通告今於一息，著《樂學歌》；其晚也，明大聖人出處之
> 義，本良知一體之妙，而妙運世之則。學師法乎，帝也，而出為帝
> 者師，學師法乎，天下萬世也，而處天下萬世師。……不襲時位而
> 握主宰化育之柄，出然，處然也，是謂大成之聖者，著《大成學歌》。
> （《王東崖先生遺集》卷一）

在〈上昭明太師李石翁書〉言及其學術的三變，此三變意謂著王心齋是
經由立志聖人、選擇致良知心學，到最後形成其學說理論。這亦是他形成自
身理論的意識是強過於其他同門的原因，另外，更顯示他已具有儒者的「知
恥近乎勇」的「勇者不懼」精神。

二、王心齋的言說

有關於王心齋的言說，我們可從他的著作獲悉。嚴格地論，王心齋本身

〔註23〕此暫以略述，待於第四章節中晚明期師友社群中再詳論其交游與師友。

未曾寫下支字片語，我們現今所見的著作乃是他辭世後，由學生、學友及其子孫整理所編撰而成。他們對王心齋的描述是：「獨不喜著述，或酬應之作，皆令門人，弟子把筆，口授占之，能道其意所欲言而止」（《明儒王心齋先生遺集·趙貞吉王心齋墓志銘》卷四，以下簡稱《遺集》），或耿定向〈王心齋傳〉：「先生自少不事文義，鮮少著述」（《遺集》卷四）他的言說所留不過一萬四千字，這在宋明理學家之中是相當罕見，而著述甚少是與心學思想有關，其特性是以口傳心授的模式啟發學者，與心學強調學術的特色以「簡易」是相應，但也因此阻斷後來的研究者可直接的瞭解，僅能以其學生、學友及其子孫整理作為研究的材料〔註24〕。

目前有關王心齋的傳世文獻〔註25〕，若依版本先後排序分別：一是《重刻心齋王先生語錄二卷》（1569）中國社科院圖書館藏明刻本。二是《重刻心齋王先生語錄》（1569）據南京圖書館清潘道根抄。三是《心齋先生全集》（封面《王文貞公集》）（1816）嘉慶二十一年王世豐重刊本。四是《王心齋先生遺集》（1912）民國袁承業鉛印本，此二本由泰州圖書館取得。五是《王文貞公集》（封面《王心齋全集》）（1846）和刻本。在進行各版本內容的比對，發現：前兩者版本完全相同，無年譜，兩者多處漫漶，因此有些許地方辨識上有問題，乃從《四庫全書》尋得。《心齋先生全集》附年譜，與前版編排完全不同。《王心齋先生遺集》與《重刻心齋先生語錄》比對，雖有脫落與不盡相同之處，但所佔比重不大，附年譜，兩者可相參為輔。《王文貞公集》和刻本，在年譜上與三、四的版本有出入。目前研究王心齋，多據《王心齋先生遺集》袁承業、《王文貞公集》和刻、《心齋先生全集》王世豐重刊本。因為材料皆非王心齋所撰，有關王心齋的言說，只能透過第二層上瞭解，難免會有所添加，因此引證不能僅以一處即是，而是要多方參對。在凌儒撰王心齋〈祠堂記〉：「吾鄉心齋先生生本農家子，生於灶間，年三十方可識字。」（《明儒王心齋先生遺集》卷四）李贄也說：「心齋本一灶丁也，目不識一丁。」（《焚書·書答·為黃安二上人三首·大孝一首》卷二）按此，三十歲才識字，可知之前他

〔註24〕詳細著作刊行歷經三個時期。可見於龔杰《王艮評傳》與《心齋先生學譜·著述考》，南京：南京大學出版社，2001年，頁31～52。

〔註25〕在（《四庫全書·儒家類存目二·子部六》卷九六）中收納（《心齋約言》一卷）（據程晉芳家藏本）編修是據《明史·藝文志》載《心齋語錄》二卷。此本改其名曰《約言》，又止一卷，亦《學海類編》之節本也。此書皆發明良知之旨。中有稱先生者，皆指守仁。校勘之後，其內容未超出《遺集》。

不受限於文字形式的表達，相較於陽明學辭章之學，可以推知他的表述與溝通能力是以直接淺白為主，並且於〈年譜〉中記載二十九歲信口談解，到三十二歲對於言說，仍以自得為重，「講說經書，多發明自得，不泥傳注。或執傳注辨難者，即為解說」（《全集》卷二）但也提出「經傳印證吾心」與「以經證悟以悟釋經，行即悟處悟即行處」〈趙貞吉撰墓誌銘〉此乃是在於其自得，不僅心齋、陳獻章與陽明亦是如此。王心齋是反對章句之學，特別是朱熹的《四書章句集注》對人們思想的束縛，所以不泥傳注，這傾向可見於耿定向〈王心齋傳〉與徐樾〈王心齋別傳〉的記述：

> 慨世學迷蔽於章句，思國學為天下首善地，往以所學諭司成。司成使學徒問所治經，先生答曰：『治總經地』司成進與語，奇之。曰：『此非吾所能與也，須遇越王先生始能成之。』（《遺集·王心齋傳》卷四）

> 之金陵，太學前諸士環觀，人各問難。師曰：『五經備在，敬告以五經總義可乎！聽者悅服。大司成汪閎齋聞師言，延入質問』（《遺集·王心齋別傳》卷四）

這兩段文字內容基本相同，但時間是有前後不同，前者是王心齋未見王守仁，後者是見王守仁後金陵返豫章所發生的事，可見其思想前後有一致性。另外，他如同於陸象山是以「六經皆我注腳」的模式，強調獨立思考與懷疑權威，但不能據此說他不重經典，他更強調「五經總義」，是要貫通五經。若據趙貞吉的描述，他以經與悟（吾心）雙向補充與解釋，經（知）於前，而悟（行）於後，所以他注重是互證，近人研究多依其心學的特性與一開始就學的情況，就下定論，這無視他思想的發展與受於他出身而下論〔註26〕。綜前所述，在他與陽明的論辯，我們可知王心齋對於自我的認同，是知自己的身份但不盲從，仍堅持必須在有好的君王治理之下，萬民會有生活之樂。又於，其上京以冠服與古代禮車以宣揚師學，他知孔子周遊，亦實行孔子之行，可知他是以知到行是相同不二，所以陽明會評論他是「真聖人」。就其溝通能力上，我們可由他與陽明的論辯、他打理家族事務和勸官賑災等行為活動瞭解到，他思考敏捷、能以言說與身行的方式與人溝通。

〔註26〕「像他這種粗識文字的人是不可能通過章句之學登上儒學殿堂，只有通過『信口談解』的方式才有可能達到『聖賢』的名義下表達自己思想的目的。」見李書增等：《中國明代哲學》，鄭州：河南人民出版社，2002年，頁535。

三、王心齋與泰州之學

關於王心齋與中晚期儒學的關係，所係是其學之傳與後學。泰州學派的儒學型態也正是開啟清代實學之鑰，因此，明代儒學轉折的緣由雖前已論陳，但泰州學是如何流衍為泰州學派？泰州學派對儒學是衝擊還是護衛？亦有一種觀點以為泰州學派結束才有東林學派。王心齋的儒學理論到底是否可被實踐，亦需透過泰州學派才可能看得更清楚。基此，我們必須廓清泰州學派的外緣。泰州是否可稱之學派？黃宗羲以學案方式論陳，後人研究以學派稱之，或者若以嚴格定義稱泰州學派，我們勢必要以王心齋為標準，就地域、思想繼承與師承上觀，又有學者認為「一個學者該歸屬何學派或流派，並不是以他自己是否宣布過，而是看他的思想傾向」〔註27〕，但就名實相符的定義下，須嚴格審視乃是三者都符合條件，可稱為狹義的泰州學者，而我們又發現其中有些是自稱、或尊從泰州學者為聖人者，或者以義氣相投而自稱，這只能歸之為廣義的泰州學者。

依目前學界對於泰州學派的研究根據有幾種：一是據《明儒學案》，從泰州之名的由來而定，以王心齋之學用他所處地域泰州命名，如與王襞同時代的王世貞，其言：「蓋自東越之變為泰州，猶未至大壞；而泰州之變為顏山農，則魚餒肉爛，不可復支。」（《金州史料後集》）但是據黃宗羲的泰州學案與泰州學案後學的區分看，似有循王世貞的觀點，評判泰州之學，但又見其言：「今之言諸公者，大概本金州之《國朝叢記》，登州蓋因當時爱書節略之，豈可為信？羲考其派下之著者，列於下方。」〔註28〕一百年後的黃宗羲對於當時人所持的泰州觀點，並不贊成，因此，他重新考察。近人研究：依《明史》與李贄的觀點，林子秋等人依此分為階段：王心齋奠基期，顏約、何心隱、王襞興盛期，李贄為代表頂峰期，加上湯顯祖、袁宏道、徐光啟，這是以泰州學為重心所作的劃分，二是季桐芳據清人袁承業《王心齋弟子師承表》（附錄二），先分為兩類：一是循王心齋，如王襞、王棟、耿定向，另一是赤手博龍，率意氣而行者，如顏山農、何心隱、李贄，三是兩者都據，楊天石以《王心齋弟子師承表》論王襞及其弟子韓貞，以《明儒學案》論顏鈞、羅汝芳、何心隱，以耿定向為泰州學派而李贄非泰州之後；龔杰耙疏《明儒學案》認為此乃重思

〔註27〕胡維定：《泰州學派的主體精神》，南京：南京出版社，2001年，頁33。
〔註28〕本論文所採《明儒學案》之版本乃是《黃宗羲全集》第七、八冊，南京：浙江古籍出版社，2002年，頁821。

想傾向，袁承業的《王心齋弟子師承表》乃重泰州學派的師承關係。

　　無論是從思想傾向或是師承，都可視之為學派傳遞的方式，而如何派分，或者各種派分的方式仍有不能盡全的困難，這乃是緣於泰州學派內在思想的分歧，所以若將其區分：廣義的泰州學者與狹義的泰州學者，是否能有更確切的原則？或許我們從當時學者的看法之中尋找其可能的意義：在《明史》中記載泰州學派之學僅二十餘人，曰：「艮傳林春、徐樾，樾傳顏鈞，鈞傳羅汝芳、梁汝元，汝芳傳楊起元、周汝登、蔡悉。」〔註29〕分為四傳，編入《明儒學案》者三十餘人。我們可以發現納入人數的多寡，正決定泰州學者的簡繁的程度，如在《明史》是以師承概略的區分；黃宗羲乃依地域與學術的傾向，袁承業是以師承。除此之外，還有其他不同的看法：如耿定向、李二曲、李贄、顧亭林等論泰州之傳各有不同（參見附錄三）。若我們據《王心齋弟子師承表》的考證，泰州學派弟子已遍於全國各省，不僅於江蘇一省或是南方之域，這是中國學術史上僅見，依此，若從王心齋的講學活動範圍是未出金陵，卻有來自四面八方的弟子，因此，我們或許必須追問：究竟有誰真正帶動泰州之學？

　　綜觀上述的材料，我們可以從探析泰州之學的形成上發現。從後學傳承的層次論，顧亭林僅言二傳，《明史》和四位學者僅論到四傳，據《王心齋弟子師承表》泰州之學可記述到五傳〔註30〕。我們會發現傳播思想的角度，值得注意之處：林春為一傳只有《明史》、《明儒學案》、《王心齋弟子師承表》提到，而其他幾人均未提；而相較於林春而言，列徐樾為第一傳是多數人的共識；二傳顏鈞是多數人認定，《王心齋弟子師承表》還提出耿定向（《明儒學案》的楚中學派的創始人）而《明儒學案》將顏鈞列為泰州學案後學，耿定向列趙貞吉、羅大參為二傳，李贄與李二曲除列入顏均外，還提趙貞吉；三傳主要有何心隱、羅汝芳，然耿定向未列何心隱、《明儒學案》將羅汝芳列為泰州學案，何心隱列為泰州學案後學，顧亭林將何心隱列為王龍溪後學；四傳《明史》和僅《王心齋弟子師承表》以楊起元與周汝登（海門）有交疊，其他則意見紛呈。

　　另外，從特殊面上看。一是顧亭林，他的看法是不同於其他人，區分龍溪與王心齋的一傳，此乃是其他人的二傳與三傳。於此，產生另一種問題，

〔註29〕《明史・儒林二・王畿・王心齋》卷二百八十三列傳第一百七十一，頁 7275。
〔註30〕詳細區分可見於龔杰《王艮評傳》。

即前思想的傳遞到第三傳，他們所學不僅以王心齋之學為宗，還向王畿求學，當時稱兩人為二王，故近人多依此觀，如嵇文甫、呂思勉劃歸為狂禪，而在王學研究之視域內容肇祖、岡田武彥主張二王同流。但於今論王心齋與泰州之學，若還是依此為論可能產生「見林不見樹」的問題，亦無法解決目前學界的爭議：近人研究質疑，如周海門、陶望鈴，與王襞也受學於龍溪與錢緒山，王襞之弟子李贄也是備受爭議。二則為耿定向，其對於二傳的分判是特殊地，和《王心齋弟子師承表》二傳以耿定向，這是其他人所未提，由此開起我們可探析的線索。

再者，《明儒學案》認為泰州是至顏鈞、何心隱一派時，不受制於名教，其曰：「所謂祖師禪者，以作用見性。諸公掀翻天地，前不見有古人，後不見有來者。釋氏一棒一喝，當樾橫行，放下拄杖，便如愚人一般。諸公赤身擔當，無有放下時節，故其害如是。」（《泰州學案一·前言》卷三十二）黃宗羲此評論是有籠統之嫌，或許是基於其「一心萬殊」的為學宗旨。綜上所述，若以其階段分可能消融了個別學者的特殊性，其實我們從泰州的形成到學派的結束，（萬曆三十或三十二年）〔註31〕又可發現到泰州的發展是多元的型態，而受其影響的對象雖百姓大眾佔多數，但傳播泰州之學卻是要透過學者。倘若無學者進行傳授此道，則泰州可能如墨學般消失於學術界，並且可能遁沒於民間。據此，本文以王心齋為宗，此僅就相關之觀點分析，尚待於第四章第二節之中晚明期師友社群中再詳論。又於第五章儒家的群己型態討論：泰州之學術趨向有不同面貌，蓋可分為四種層次，又為三種型態：一是自由放任：王襞，二是指導保衛：王棟，三是折中兩者：耿定向，四走向異端：李卓吾。

本章所探索是整個中晚明期的問題，外部以法家式的統治，內部有儒學理論的矛盾，王心齋在此種的處境下，他身為一個儒者該如何做？他扮演何種承先啟後的作用？

〔註31〕據季芳桐研究，所謂消亡是指不流行，被人忽略。其是以二點：一是東林學派的建成，二是泰州之學重要人物相繼過世，在萬曆七年後就逐漸衰亡。見《泰州學派研究》，南京大學歷史系博士論文，2000年，頁72～73。除此之外，吾人以為泰州的消亡還有理論發展上的困境。

第四章　王心齋的本體工夫

第一節　內聖的進路

　　王陽明視天理、良知為心之體，他於「四句教」的開宗處即提「無善無惡心之體」，他所謂的本體，是指心之本體。而「為善去惡是格物」，是表述工夫一詞，指復其心之本體的具體實踐或過程，也就是表示道德踐履或精神修養，王陽明是以意念上作工夫的合一理論型態。黃宗羲於《明儒學案・自序》提出：「心無本體，工夫所至，即其本體。」在「心」所表述是認識、思維的主體、能力，而本體是指本然的狀態，工夫是個體主觀的努力和體會。而王心齋的本體工夫的表述不同於前兩者，是以「合著本體是工夫，做得工夫是本體」就是「先知『中』的『本體』，然後好做『修』的『工夫』」（《全集，答補問遺》卷一），在此宗旨下，他主要的論說是：內層是「良知見在日用」與「樂與學並重」，外層是良知致的反己正物、百姓日用與即事是學即事是道，這些所展現是知體以修的方式，即是「以生言心」的進路。

一、良知觀

（一）思想淵源

　　就目前我們所能看到的文獻，以良知一詞的表述，成為一個明確的概念是在孟子。於《孟子・盡心上》一處提及：

> 人之所不學而能者，其良能也；不慮而知者，其良知也。孩提之童無不知愛其親者；及其長也，無不知敬其兄也。親親，仁也；敬長，義也。無他，達之天下也。

良知是在不慮的前提下成立，也就是否定有所思慮，而稱之為良「知」，此句子若以西方語句結構的分析模式，此所構成是意義的矛盾，但就孟子自身的意義表述卻是一個定義，所指是強調先天、純粹、無目的性是善的動機、意識、行為的基礎，於是孟子以孩童為例，乃是指出人具有先驗的道德能力與知識。又與孟子性善的論述連貫而論，一方面指出人人所固有的內聖特性，良能與良知是一發端，以此為起點加以擴充，就可發展為仁義之性的形式而推擴於到天下。在《孟子》中對於良知的概念並未多作闡釋，而是以仁義為主述。一方面仁義是人之性通往公共領域的一個中介，另一方面仁義是政治最高的理想，相較於良知概念僅是個體自然而然的心理意識下運作，是不同地。良知概念在孟子的心性體系是不能單獨支撐起，還需配上四端之心發展出四德，才能完全顯現良知善的本質。孟子之後，對於良知概念的表述都未超出孟子之說。

孟子之學被官方所承認是於元代，而宋儒對於儒家經典的闡述最多是《論語》、《孟子》、《大學》、《中庸》，直到朱熹作《四書章句集注》、《四書或問》之後，《四書》成為理學最基本的詮釋對象與理論來源。而北宋張載在《正蒙·誠明》中提出：「誠明所知，乃天德良知，非聞見小知而已」。他所提到天德良知與聞見的概念，即正式將本體智識的義涵分為：道德理性與理智認識兩重，而以天德之知與聞見之知的分別。朱子在注釋《孟子》時，理解良知良能是：「良者，本然之善也」《四書章句集注》他是順著二程的論點：「良知、良能，皆無所由。乃出於天，不繫於人」這與孟子原意是相近。但又再對照朱熹在《大學》的文本詮解，他對於良知義涵的認知，其曰：

> 窮理者，因其所已知而及其所未知，因其所已達而及其所未達。人之良知，本所固有。然不能窮理者，只是足於已知已達，而不能窮其未知未達，故見得一截，不曾又見得一截，此其所以於理未精也。然仍須工夫日日增加。今日既格得一物，明日又格得一物，工夫更不住地做。如左腳進得一步，右腳又進一步；右腳進得一步，左腳又進，接續不已，自然貫通。（《朱子語類·大學五（或問下）傳五章》卷第十八）

我們可以從朱子表述的語脈發現到，他試圖弱化濃厚本體意謂的良知，而試圖過渡到智識（知與達）的層次，或說落實在可知可達的知識論型式之下，不再緊守孟子以道德心理層面的義涵性，而是加入窮理的工夫，這或許

是因為他看到單論良知的局限性，所以他從窮理的路徑入手，讓「理」清晰
明瞭、由已知到未知。尤其，他以腳步之喻說明以修到悟的過程與方法，是
由人文的作用到自然通貫的境界。接至王陽明之時，卻針對長期失落的本體
性力圖挽回，不但將良知作為核心的學說理論，還以反對朱學的姿態，凸顯
其學救正的意圖。王陽明的良知表述有兩層義涵：既是指主體本然之善性，
又指宇宙萬物之本。王陽明將良知與天理等同視之，將心推至最高的地位，
使心超越萬有，為一切的樞機，其謂：

> 所謂汝心卻是那能視聽言動的這箇便是性便是天理。有這箇性才能
> 生這性之生理便謂之仁。這性之生理發在目便會視。發在耳便會聽。
> 發在口便會言發在四肢便會動都只是那天理發生。以其主宰一身故
> 謂之心。這心之本體原只是箇天理。原無非禮這箇便是汝之真己。
> 這箇真己是軀殼的主宰。（《傳習錄》卷上）

他將外在的天理化成內在的良知，又將內在的良知擴充為事物之理。所以，
良知就兼具道德、修養方法，和認識的唯一途徑。王陽明不滿朱子對於《大
學》「致知」的詮解的論點，所以重新提出自身的良知之說，他認為致知的
知就是孟子所言的良知，其云：「良知只是一個天理自然明覺發見處。只是
一個真誠惻怛，便是他本體。」（《傳習錄》卷中）這指出人有真誠惻怛之心，
蒙培元指出：「真誠惻怛之心就是真實的自然而然的心理情感，這就是良知
本體，不是在自然情感之外有一個良知本體。既然如此，就只能在發現流行
處體認良知，這是一種自然流行，不是有意為之，是自覺，又是自發，是自
在的，又是自為的。」〔註1〕良知的本質內在於己，是一種自然而然的流露，
如同天理。他視天理既為人的道德根源，而良知顯現的方式乃屬於天理（自
然明覺發見處），所以人能相應於天理，良知特性是真誠惻怛亦具有內在超
越的特性。

　　王心齋從學於王陽明是心慕於「致良知」學說，雖在《王心齋全集》和
刻影印本（1846）記載王心齋三十八歲的行誼表述：「王公論良知，某談格物。」
許多學者據此認為心齋早有自身的良知觀，但在他多處的詩文中表達他接受
良知教的來源與體悟，如《和王尋樂韻》：「聖師專以良知教」、《和萬鹿園詩》：
「我師誨吾儕，曰性曰良知。」可由多處看到他對於良知教尊崇的表述，如
在《安定書院別言》一文，他對於王臣稱讚之言：「今豫章瑤湖王先生，予同

〔註1〕見蒙培元：《中國心性論》，台北：台灣學生書局，1990年，頁410。

門友也，學於王陽明先生，遵良知精一之傳，……以興起斯文為己任」這表露出他以師門良知之教為宗旨，又或從他與友人的書信內的措辭看到：「先生明先師良知之學，倡於青原，興於南都」《答鄒東廓先生》這先生是稱鄒東廓，而他所言及「先師」可知是陽明，王心齋是自視為王陽明之良知學的傳人之一。以上說明，王心齋的良知觀的源由。

（二）「天」然與人文之辨：見在與日用〔註2〕

在魏晉時，玄學探討的主題乃側重在自然與名教的關係，於是採用：道家明自然，儒家貴名教（人文），是以道解儒，以自然匯通名教此便成為魏晉之際文人、士大夫所致力探討的話題。然而，至明代王心齋乃是對宋明理學學術的批判與反思，又受中晚明良知之學所環繞，他對良知本體的表述是透過性、道、中等話語；良知的作用則是以暗喻性的話語表述思、覺的內涵。良知本體的整體內容是以天理為總稱。他以「天理良知」一詞的提出，呼應宋代以來所建立起的「存天理去人欲」〔註3〕，一方面是肇因他置身於明代的氛圍，另一方面他又承接王陽明所未完全解決的理論困局。心齋在四十五歲時作〈天理良知說答甘泉書院諸友〉的表述，以天理良知作為其主要的理論之一，他將天理良知打并為一起，正如龔杰所指出：「表面上是為了調和王守仁與湛若水在『天理』、『良知』說上的分歧」〔註4〕，須再往深層探論他所指天理良知的義涵，其言：

> 天理者，天然自有之理也。良知者，不慮而知，不學而能者也。惟
> 其不慮而知，不學而能，所以為天然自有之理。惟其天然自有之理，
> 所以不慮而知，不學而能也。

他表述是天理即良知，此即乃是一種相互為條件、相互界定的方式，雖然在一開始的表述是各自說明，而後卻是以相扣、不離的方式共濟彼此。這樣的表述是不同於王陽明與甘泉兩人所認知的「天理」、「良知」的義涵，他們乃以傳統人文意義體系所發展而出的概念，它宣聲著倫理道德秩序的刻板論調。如王陽明言致良知，而湛甘泉言「隨處體認天理」，兩人學術不同，曾多次論

〔註2〕近人研究將針對王心齋的良知型態有二理解：一是見在，如張學智；一是日用，如錢明、龔杰。鄙見以為兩者都是王心齋的良知觀。

〔註3〕「存天理、去人欲」是以道德意識克服違背道德原則過分追求利欲的意識。陳來：《宋明理學》，台北：洪葉文化出版公司，1993年，頁167。

〔註4〕龔杰：《王艮評傳》，南京：南京大學出版社，2001年，頁60～61。

辯，他們所關切在本體論是內、外的問題，工夫論是針對格物問題與體認天理的方法，如「勿忘勿助」的問題。事實上，這代表著中明儒學所關心的問題。就王、湛的觀點，若說王陽明所強調是把心中的「天理」自覺地呈顯出來，而甘泉所堅持乃是天理雖是人心所固有，但須通過學問、思辨、篤行工夫才能體認。心齋以「天然自有之理」表述天理，在此與陽明是截然不同：王陽明先言良知後言天理，他以「天理自然明覺發見處」表述，是即心言性的方式，而王心齋先言天理後言良知，並以「天然自有之理」說明。而單論〔註5〕與天然有何不同？在道家的意義之內看，天的概念是包括自然，有如「夫天者，萬物之總名，自然之別稱，豈蒼蒼之謂哉」《莊子・齊物論》、而在儒家亦有此說：「天，謂無為自然之道。」《荀子・解蔽》就心齋以天然自有的表述，又不以自然之表述，以及若代換成天然代換為自然之義，則自然自有義涵就重疊而無意義，再據前所論天理即良知的共濟說明，故我們可以理解他是以荀子的義涵，如此天理是無為自有之理。心齋以天然言相較於陽明是廣義的詮解。在此，可能會產生疑慮：心齋是否為告子式的人性觀？或許我們透過顧憲成的敘述與理解，可以理解王心齋更多，其謂：

> 心齋之門人嘗問為善去惡功夫。心齋謂之曰：「見在心地有惡否？」曰：『何敢有惡！』心齋曰：「既無惡，更去何惡？」良久，乃謂之曰：「見在心地有善否？」曰：「不見有善。」心齋曰：「既此是善，更為何善？」是心齋以無善無惡掃卻為善去惡。（《顧端文公遺集・證性篇・質疑》，卷下）

在陽明四句教「為善去惡是格物」是在意上做工夫，在顧憲成的話語中，他刻意指出王心齋是以無善無惡去除為善去惡的工夫，指涉心齋無工夫論，以彰顯自己性善論，在顧憲成的評議，其中亦同時涉及心齋是如告子式的人性觀。然而，我們重新理解心齋與門人的問答，心齋的思路是以不慮而知不學而能是天然自在之理，所以他從逆向且以「去」的語意解消掃除心之雜染，後以肯定「既此是善」、「為」的語意加強善，由此可知心齋乃是以「至善論」，或許顧憲成欲藉由對心齋之論，間接指責王陽明「無善無惡心之體」之論。對於以「天然自在」為宗是否必然是告子的人性觀，我們必須再觀照先秦有關天的概念。從原始儒家的話語中亦可找到相似的表述：孟子亦有此種天道

〔註5〕王陽明所言「自然」是承宋儒，不是魏晉時崇尚自然，以主張人應該按照自己的本性決定自己的行為。

觀，乃是天即言理的說法，其曰：「順天者存，逆天者亡。」（《孟子·離婁上》）
或是《論語·陽貨》：「天何言哉？四時行焉，百物生焉。天何言哉？」以天道
乃為自然而然之理，默運而生的規律，此不能等同為告子式以性理為天理；
再從道家的話語上看，它主要強調客觀性「自然」的話語與意義，且據自然
的價值為第一序，如《莊子·天道》：「先明天而道德次之」；而儒家對於天與
理的使用還是在理序之列言說。倘若我們排除儒、道思維的區隔性，可以發
現其實兩者都肯認自然之序是一個值得追求的價值，只是對天所採取的態度
不同。單論王心齋對良知的說法，仍舊是孟子的內涵，值得注意是相類比的
思維將天理、良知相連詮解，是強調良知的狀態一自在和見在，亦如天理般。
但如此界說良知，可能還不足以詮解他的良知。我們還須從與天理或良知相
聯的表述再檢視，其提出：

> 天理者，天然自有之理也；纔欲安排如何，便是人欲。（《明儒學案·
> 泰州學案一·心齋語錄》卷三十二）
>
> 天性之體，本自鳶飛魚躍，便是此體。（《王心齋全集·語錄上》卷二）
>
> 天理者，父子有親，君臣有義，夫婦有別，長幼有序，朋友有信是
> 也。（《王心齋全集·王道論》卷二）
>
> 良知天性，往古來今，人人具足，人倫日用之間舉而措之耳。（《王
> 心齋全集·答朱思齋明府》卷五）

若單獨解釋天理的義涵〔註6〕，可能無法深入探察出心齋表述話語背後
之意義，但若前兩句與後兩句話語同時相互對照，我們可以瞭解到他天理、
良知、天性三者的關係：第一層是所指自然而然之理則，與良知同性質，相
對於「人為」的安排、動念，這隱含著他所認知的自然與名教的矛盾，無為與
有為的不和諧；第二層是以抽象的義涵：天理是以無私性（公），萬物一體與
良知天性；與人欲是妄加造作（私）。他藉具體物類的性質表述天性：鳶飛魚
躍，即意為一物各適其天然之性（見在），也就隱含自然之則，也即是順應一
種天生本有（自在）；推之而論，他認為人應該過著合乎天性的生活，照本性
而為，即良知（心）的本體，這即是天理的呈顯，是人人具足。這仿若道家的
話語與意向，以天然為重而輕人為，而王心齋徘徊於自然與名教之間，究竟

〔註6〕天理除了「自然自有之理」的解釋，又是「愚謂此心綱紀宇宙，流行古今，
　　　所謂天理也。」（《王心齋全集·侍御張蘆綱先生》卷二）是透過人文與自然
　　　之辨看問題。

他以何為本？王心齋的角色正如王弼般，引道家的自然入儒家減緩名教的異化，但他又從於五倫之序也是天理，如此理解自然與人文不就會產生衝突，在這王心齋意識到人兼綜自然之天性與人文的倫序，都是天理良知的具體內容，而刻意人為的安排卻不是。王心齋論「良知」，帶有可游移的二重性，預留出個體與群體之間迴旋的空間〔註7〕，這說明了他試圖以修正異化的儒學意識型態，從而，反對一切人為（官方意識型態）所加諸於百姓人倫（王心齋的「道」）的束縛。基此，王心齋必然要將天性等同於天理，高揚天性的本質，故而有意去扭轉意識型態所營造的綱常名教，以道德的形上學（「天理良知」）的型態，喚醒生機無窮的人性特質，將人的個體性帶入真實的生命之內，也是要將異化後的儒學帶回到原初儒學的型態。在近代學者梁漱溟曾言：「於初轉入儒家，給我啟發最大，使我得門入的，是明儒王心齋先生；他最稱頌自然，我便如此而對儒家的意思有所領會。〔註8〕梁漱溟表述出他所知的儒家，是一種心齋視域下所展現貼近於生活的儒家思想。據此，王心齋將良知認定是人的天性，這樣良知也具有普遍性與見在性，他乃以先天的義涵與表現的方式言普遍性，也同時以見在於日常生活中透顯與實現。雖然他反對宋代理學家的天理人欲說，並不代表他否定人所具有的道德性，否則他不必以人倫日用為論。反之，他肯定人是一個道德的個體，是於人倫關係與生活中呈顯，這樣才能天理、良知、天性同視為一體，亦才能與人倫日用相提。在此意義下，同時也必然預設以萬有為一體的前題，否則天性與天理便無法成立〔註9〕。在他這種理論，所主張良知見在與人人具足，於人倫日用的行為活動中體現自己，無疑容易讓人誤以為良知見在可得，不須有知識、不用下任何工夫的錯誤認知。基此，我們必須再審視王心齋的知識論：探討他是否主張無知論，或是王心齋是否可能會產生獨我論的態式。

〔註7〕夏清瑕的研究是看出良知的兩重性，但未深究王心齋，只單依黃宗義的意見論泰州，不知泰州並非直接跨入禪風，也非完全入禪，只以何心隱與李贄為論，忽略泰州的學術的多元性。夏清瑕，〈從魏晉玄風到王門狂禪〉，《江淮論壇》，1999年6月，頁80。

〔註8〕梁漱溟，〈朝話〉，《梁漱溟全集第二卷》，濟南：山東人民出版社，1994年，頁126。

〔註9〕看是相似西方學者史賓諾莎（Benedictus de Spinoza，1632～1677）以萬物為一為前題，以自然是所有樣態所隸屬的整體，這整體是自足的，這自然是必然存在。而王心齋的萬物一體（道）是以精誠相感的方式，以精神體道的方式，不是知識性的主客相對，而是主〈個體生命〉客（萬物）合一、相契。

（三）良知與知

以良知見在的理論，所開展的知識是什麼樣的型態？我們透過王心齋從學時所提出〈天理良知說答甘泉書院諸友〉的論點，可察到些端倪，其言：

> 或問：『天理良知之學同乎？』曰：『同。』『有異乎？』曰：『無異
> 也。天理者，天然自有之理也。良知者，不慮而知，不學而能者
> 也。……故孔子曰：『知之為知之，不知為不知』，是良知也。入太
> 廟每事問，是天理也。惟其知之為知之，不知為不知，所以入太廟
> 每事問。惟其入太廟每事問，便是知之為知之，不知為不知。日致
> 日體認，知天理也。否則日用不知矣。』

從這段話語的表述看出，他還是孟子的良知論，亦可知他仍以儒學為宗旨，他所言必涉孔孟。而王心齋所言的良「知」概念當置於那種層次？龔杰從其表層義解讀，認為王心齋的良知見在是知覺本能，這種是一種生物式的認識。但我們知道生命型態的不同，影響認識能力也不同，就人而言只以知覺本能是不夠充份。因為在良知一詞的解釋，王心齋仍按照孟子的表層義講，然以天理與良知相互為條件與解釋，使天理實然之真與良知應然之真打并一起。再往下看，他更進一步將「良知」擺脫孟子的道德義涵性的框架，而舉孔子論「知之為知之」說明他的真理觀是存在者面對自身而不自欺，展現出本體的真（相符、相應），即是對自身的一種對話或認識，即是良知，一種本體內的知。他不受限於王陽明所使用《中庸》的「誠」概念的圈制。繼而，天理則是表述相對於本體之外的知（太廟），一種內、外之知的綜合，即如蘇格拉底藉由自身與他人的對話（無限）之中對自身有所認識（有限）。對心齋而言，不僅僅是在知覺本能的層次，而知分為兩層：一種是直觀的知，是由人內心所產生的，一種是無法直觀的知，需藉由入太廟以省察聖人的行誼，而產生更高一層的察識，兩種知交互印證，則有所體知，也才能確知天理是什麼。他這種認識論〔註10〕有一宗教的向度，就如王心齋曾入太廟，因而立志為學即是一種遙契孔子的精神，亦是一種人文理性信仰的表現。

雖前述王心齋心悅；誠服於王陽明正是「致良知」，然而，他的良知概念是王陽明開啟，但卻不僅僅以繼承為伍，還兼而發展自身理論。在四十三歲

〔註10〕在史賓諾莎以「心靈最高的善就是對神的知識，心靈的最高德行就是認識
　　　　神」，他稱之「神或自然」（Deus Sive Natura），但王心齋乃是基於儒家價值的
　　　　肯認。

時作〈復初說〉，無疑是他對王陽明良知的內涵作修正，其云：「知不善之動者，良知也；知不善之動而復之，所謂致良知，而復其初也。」於此，必須先瞭解他所表述的「不善之動」所指是什麼？他認為是「妄」，而妄在他的文脈中是與誠對舉，由之，如果誠是真實，而妄則是虛假，即「予謂良知者，真實無妄之謂也，自能辨是與非」（《遺集‧答奉緒山先生書》卷二）。再觀照王陽明在四句教中以「知善知惡是良知」，這蘊涵兩人思維性與側重角度的不同，又如孟、荀，孟子重先天處而所言性善，荀子是重後天所言以性惡，而心齋明顯是以自明誠的方式，以排除法為思判的方式似解消的方式作為儒家復性的模式，在判惡的態度下表述「以知不善」，雖未言善並不代表不知善，而他正是從知惡的角度說，是因為他將良知設定為純善，所以可以判別惡。在心學中「誠」是相當重要，《中庸》將性與心的「誠」心「知之為知之，不知為不知，是天德良知」可見王心齋認為良知與認識的關係是直顯無隱，如是上面表述，「良知」是知虛假，其曰：

> 只心有所向，便是欲；有所見，便是妄；既無所向有無所見便是無極而太極。良知一點分分明明，亭亭當當，不用安排思索，聖神之所以經綸變化而位育參贊者，皆本諸此也。（《王心齋全集‧與俞純夫》，卷五）不執意見，方可入道。（《王心齋全集‧語錄》，卷一）

他嚴格地將心向與所見都判定為反面的影響（欲望、虛假），而以無向與無見則可以獲得整全的察識（原初的狀態），所以他認為聖人（入道者）的認識是《易‧咸卦》所論的感通模式，直觀認識與欣賞事物的變化，直觀是單就認識者與對象之間以知覺作用後，又深入進行抽象作用的認識活動，最後產生一種直截明當的心智，不是一種意見，即是天德良知，它保證認識的恆真。所以，王心齋提出：「學者初得頭腦，不可便討聞見支撐。」（《王心齋全集‧語錄上》卷二），他所謂「聞見」之知所指意見，或說是一般日常經驗，一種流俗或風俗的知識。與王陽明的「良知」概念所具的道德與知識的雙重功能，一方面使良知不由聞見而有，良知莫非良知之用，一方面斷言：良知之外別無他知，致知之外別無學，兩者相同地是使良知成為主觀意識隨意擴充的活動。〔註11〕基此，人的本心能以生命活動性言，應然是「鳶飛魚躍同一活潑

〔註11〕王心齋以良知如理念，而聞見如感知世界，永恆不變的真理是在良知本體，而聞見是變動、虛幻不真。但他不是以知識方式獲得，而是以默契所得，故以合本體作工夫。

潑地」〔註12〕，純淨無染的心，但受實然的經驗世界的雜染，故他要人省察，只要人回復到原初良知的狀態之下，「知不善之動而復之，乃所謂致良知，以復其初也」（《遺集·復初說》卷二）他認為致良知即是回復本心。

再者，龔杰以為王心齋與歐陽德的討論，說明他於王陽明的良知觀相同。事實上，從他與歐陽德討論良知觀，是王心齋表述出自身的良知觀是「良知致」，此「致」回復，是一種良知的主動作用，不是王陽明的推廣、發明、擴養之義，而是應該據「良知」去做，所以他才簡易為「良知」。又從他的書信往來〈奉緒山先生書〉，此書信是王心齋寄予錢德洪的書信，針對有人對於王陽明學說的誤解，而提出自身對於王陽明學說的認知，在他的表述：是與人為善，並以朱陸之辨與堯舜之事說明，他認為若單以是非之心並不能明理，所以他舉例孔子與孟子的觀點，提出良知要依據先覺（聖賢），「多識前言往行而求以明之，此致良知之道也。」他澄清是非之心是不足以說明致良知，並認為王陽明的致知：「是故順乎天而應乎人，皆由己之德。孔子曰：『盡美有盡善。』是非明矣。故孟子曰：『行一不義而得天下皆不為也。』」（《遺集·奉緒山先生書》卷二）在此，他綜合之前儒的觀點，他更注重蓄德與行義，且兩者是相互制約。

又據王心齋族弟王棟對於他的良知觀的描述：「故學者之於良知，亦只要識認體端的便可，不消更著致字。先師云：『先翁初講致良知，後來只說良知，傳之者不察耳。』」（《明儒王一菴先生集》卷一），他所謂的端是指本心，是在他〈復初說〉的內涵論。王心齋無疑是有階段性，先言致良知，後瞭解到後設的本心是誠，所以後來主張良知。良知概念在心齋話語的意義是一種本體即工夫之表述，所以其強調王陽明之名，但從王陽明自身的表述中，我們發現王陽明以弱式心上作工夫的語意，而心齋是強式的具體實踐的語意，如此或許可以說他更重視「體用不一，只是功夫生。」（《遺集·語錄》卷一）王陽明另一高徒王龍溪是以順向「即本體即工夫」關注個體性自我的思路，看重內聖的問題，所以高倡與言詮境界，但王心齋卻從另一角度看，他關懷社會人群，看重外王的問題，所以言提即事即學，著重於「體用不一」後的功夫。必須先澄清他對於體、用的區別後，再論心齋的良知觀，才能明白他所言指，他不是從現代所指的知識途徑所獲得，而是從本體日用之間所領會。王心齋

〔註12〕道家以排除思慮心齋的方法，而禪宗以息慮凝心的坐禪，王心齋主張是正己（心），以學補充良知自然呈顯。

良知觀的背後所引向是價值的要求：「真」與「善」的追求，所主是不假思慮的安排、不著意，要求是「善」，而以知之為知之，則是要求「真」。

二、「樂」與學

近代學者對於王心齋的「樂」的研究取徑，有研究其人生態度、教學方法等的角度討論，吾人以為王心齋除強調現在良知（王龍溪亦主張），還主張「樂」，才會導致劉蕺山評定王龍溪進而以辨儒、佛時，乃以王心齋為參考，評其：「心齋言悟雖超曠，不離師門宗旨；至龍溪直把良知作佛性看，懸空期個悟，終成玩弄光景，雖謂之操戈入室也。」〔註13〕正因王心齋以「樂」原是儒學基礎的理論元素。但亦因此使其理論而有弊，劉蕺山曰：「先生主樂，末世有猖狂自恣，以為樂體者，則學者之流弊也。」〈譜餘鄒南皋〉或「王門惟心齋盛傳其說，從不學不慮，轉而標之曰『自然』，曰「學樂」，末流衍蔓，浸為小人之無忌憚」〔註14〕於是，我們該深究王心齋的「樂」的本體。「樂」在不同學術時期，以不同型態提出，以下分別探究傳統與王心齋的「樂」：

（一）思想淵源

樂在傳統儒家來說，是與禮分庭卻相互輔正的兩個核心要素，如果說禮是分殊的作用，而樂則可是說是合同的作用。兩者對於整個宗法社會的維繫上，不僅是以體制的形式扮演著教化移情的功用，更是呈顯出人內在而蘊的本質，在《書‧大傳》：「樂者人性之所自有也。」亦是自然的所形成的象徵「樂者，天地之和也」、「聲者，樂之象也。」《禮‧樂記》儒家將樂視為一種和諧的表現，從《公羊‧隱五年注》：「夫樂本起於和順，和順聚於中，然後榮華發於外；……故樂從中出，禮從外作也。」孟子所言樂，就君王是以民同樂，樂民之樂憂民之憂，還將樂由己向外推擴到眾人，云：「『獨樂樂，與人樂樂，孰樂？』曰：『不若與人』」（《孟子‧梁惠王》）。而孟子將樂賦予一種可「獨」與可「人」，並以「群」的價值為最終，所強調是分享與共鳴作用。孟子從個人的角度上看，君子有三樂：是「父母俱存，兄弟無故」、「仰不愧於天，俯不作於」、「得天下英才而教育之」（《孟子‧盡心上》）由之，因為身份不同，所關切的對象也有所不同，君以民，君子以親人、自己、發揮己長而對助於天下的和諧。對孟子而言，樂的總則是「尊德樂義」，所能到達的境界是

〔註13〕《黃宗羲全集‧明儒學案‧師說》第七冊，頁17。
〔註14〕《黃宗羲全集‧明儒學案‧師說》第七冊，頁20。

可以自得無欲（囂囂）（《孟子·盡心上》）。孟子的表述影響後來的儒者對於
「樂」內涵的論述。

「尋孔顏樂處」乃是宋明理學重大的課題之一，此乃周敦頤所提出，他
所重視的意義是找到顏回不為生活貧困不堪，卻能還主學道而內心得到快樂，
這影響著二程提出「識孔顏樂處」。周敦頤以「尋」為表述，表示他重視人生
理想境界的問題，其曰：

> 顏子「一簞食，一瓢飲，在陋巷，人不堪其憂，而不改其樂」。夫富
> 貴，人所愛也，顏子不愛不求，而樂於貧者，獨何心哉？天地間有
> 至貴至富可愛可求而異乎彼者，見其大而忘其小焉爾。見其大則心
> 泰，心泰則無不足。（《周敦頤集·通書·志學》第十）

顏回之樂命題指向是一個通往內聖的途徑，學顏子是因為顏回已經達到超乎富
貴的境界，有此境界的人，不隨外境而改變他之「樂」。這「樂」是一種精神內
在的幸福與心悅。宋明理學家所論樂，是與道結合，而道與樂的關係是什麼？
周敦頤認為道不是樂的對象，因樂是人與道合一的境界所達到自然享有的精神
和樂，而把道作為樂的對象就只是一種感性對象引起的感性愉悅，即是一般的
審美活動，係因周敦頤認為「樂」乃是立於「見其大」是在「體道」的層次，
不在一般感性的活動。他針對當時知識份子以辭章之學為聖學，提揭「道」（德
行）才是聖學的內涵。牟宗三認為：「《論語》中孔子與曾點之言不是指道體流
行之境界，直到宋儒才將樂趣與道體流行之境界並提」。[註15]

繼而，樂的理論發展到程明道（1032～1085，字伯淳，世稱明道先生）
他在「識孔顏樂處」的基礎上，進一步深化這個命題，將「樂」放在「意」的
修養方法，他主張敬樂合一，即任何對「敬」過份強調以致傷害了心境的自
然平和安詳都是不可取的，故他以體驗的話語表述這樣的境界，其曰：

> 鳶飛戾天，魚躍於淵，言其上下察也。此一段子思吃緊為人處，與
> 『必有事焉而勿正心』之意同，活潑潑地。會得時，活潑潑地。不
> 會得時，只是弄精神。（《二程集·遺書》卷三）

程明道藉《中庸》的化育流行的義涵：以鳶飛魚躍是意指自由、活潑的境界，
以自然之「物」的意象導入，情順性定的和樂的追求。到明代陳白沙「學宗自
然」是通向「自然之樂，乃真樂也」他將自然與自得相連，表述一種無滯無物

〔註15〕牟宗三：《牟宗三先生全集——從陸象山到劉蕺山》第八冊，台北：聯經文化
事業公司，2003年，頁235。

的狀態，可稱為「虛」，即是孟子所言「勿忘勿助」，其言：

> 白沙云：「色色信他本來，何用爾腳勞手攘？舞雩三三兩兩，正在勿
> 忘勿助之間。人曾點些兒活計，被孟子打並出來，便都是鳶飛魚躍。
> 若無孟子工夫，驟而語之以曾點見趣，一似說夢！會得，雖堯舜事
> 業，只如一點浮雲過目。」（《白沙集·與林緝熙書》）

白沙以曾點之樂，並加上孟子的功夫，他認為就是程明道所指的樂，若單只
以曾點之樂是說夢（虛幻），有功夫就無處不自得，不滯於事（堯、舜事業）。
白沙的對於「樂」的討論似又回到周敦頤，因而，劉宗周對白沙的評論：「識
趣近濂溪，而窮理不逮。」（《明儒學案·師說》卷首）

　　牟宗三認為王心齋因特別重視王陽明「樂是心之本體」一語，所以才作
樂學歌。但從王心齋的表述方式，以歌的形式為思想內容，在學術上我們就
目前所能掌握的文獻，只有《詩》、《樂》兩種經典，即便是王陽明也無以此種
表述自己的思想，由此線索看，或許這是王心齋特有的表述形式。王陽明認
為君子之樂不是曠蕩放逸、縱情肆意，而是心體不累於欲，無入而不自得，
我們發現他綜合宋明理學「樂」的思想成果。又相較於孟子三樂有不同層次，
與具體事例，王陽明則以一體，和抽象的心體不累。或許這正如劉宗周所指
責：「陽明急於明道往往將向上一幾輕於指點啟後瞵等之弊有之。」（《明儒學
案·師說》）在前論及劉宗周對於王心齋的「樂」的觀點，吾人以為問題並不
如劉宗周與鄒東廓話語表述的表層義，因王陽明也是強調樂的境界的意義。
以「爾那一點良知，是爾自家準則。……爾只不要欺他，實實落落依著他做
去，善便存，惡便去，他這裡何等穩當快樂！」（《王陽明全集·傳習錄下》上
卷三）據此，我們能瞭解到凡任何理論倘若都一概而論，當然會產生末流的
問題，倘若我們能一一細辨王心齋不同指涉「樂」的話語，將釐清樂的本體
價值。其實，王心齋並未創造「樂」的理論，而是接著王陽明的話語，將它外
推以「率此良知，樂與人同，便是充拓得開」（《遺集·答劉鹿泉》卷二）。而
在《論語》也提到：「有朋自遠方來，不亦說乎！」王心齋詮解論語之義是「不
亦悅乎，『悅』是心之本體」（《遺集·語錄》卷一）。

　　（二）什麼是「樂」？

　　我們已知宋明理學的「樂」是一種境界，中間還涵攝著價值的選擇，如
顏回仁者之樂：「人不堪其憂，回也不改其樂」（《論語·雍也》）和會得、真
樂。單論「樂」或「悅」只是一種情感的流暢，但是若細察與樂並連的語詞，

就關係到它的指向：周敦頤以道樂，程明道以敬與樂，陳白沙以自然之樂，他們隱含著周敦頤強調境界、程明道以本體、陳白沙則強調工夫的重要性。而王心齋以「樂」與學為論說，一方面是是因著他教化的對象，另外又基於他強調「合著本體是工夫，做得工夫是本體」他以即本體即工夫的理論模式，而如果對象的才性低，又混淆本體工夫，就容易造成末流的問題與流弊。基此，王心齋所言的「樂」可從這三層次瞭解，我們將其區分為三個層次：本體之樂、工夫之樂、境界之樂：

1. 本體之樂

所謂本體之樂，是所謂的自得，「得」在道家的話語中是一種道落於萬物所展的本性，宋明理學家由此汲取納入儒學話語，自得所指是個體能順情性定的由內而發，一種不倚於人或事的一種心體純粹的愉悅。如順性而樂莊子的自然順性，或是程明道。王心齋認為樂的來源是心，其謂：「此樂多言無處尋，原來還在自家心」（《遺集‧和王尋樂韵》卷二）他的表述亦如同於程明道體驗的話語，我們可從他早期的著作〈鰍鱔賦〉。它描述著一缸鱔魚，其中有一條飆魚跳出，正好時逢大雨，鰍魚「乘勢，躍入天河，投於大海，悠然而逝，縱橫自在，快樂無邊。」他也以缸相對於鰍鱔之性來表徵，說明本體之樂的自在，在此王心齋是以寓意的表述方式言說，相較於明道直接指出「會得是活潑潑，無得則弄精神」的表述方式，他是不夠精確地，但卻有意蘊在其中，乃由於外緣的因素，使其表達上受制〔註 16〕。但王心齋表述上也因之，不如明道的開闊，而此可能是被「勢」所框限。然若，以孟子樂天知命的角度思考王心齋，可能更相應於他。從心的本體上論，這可由其所作的〈樂學歌〉，其云：「人心本自樂，自將私欲縛。私欲一萌時，良知還自覺。一覺便消除，人心依舊樂。」（《王心齋全集‧樂學歌》卷四）心的本體本然是樂的狀態，容易受私欲所約束，才使人覺察不到此樂境，當私欲萌動時，所以須靠良知作用使心恢復本然，所以人心的樂體要靠良知輔助。本體之樂強調於樂源自本體而發，是一種明體，還尚須能達用。他於〈樂學歌〉中提到：「樂是樂此學」、「不樂不是學」、「樂便然後學」是一種本體作用下積極性的話語。若按王心齋的話語，我們將樂置換為「自得」一詞來理解，就是自得於學、不自得不是

〔註 16〕中國語言表達的方式透過六種表現：風、雅、頌、賦、比、興。王心齋以歌、賦來表達其思想的方式，歌可直接抒發當下的情感與思想，而賦則是以間接婉轉的表述，其交互出現於王心齋的「樂」的工夫方式。

學、自得便然後學。樂學是本體，以由心上知情同意（愉悅，無強迫）於學習，主觀的。「樂學」本是儒家所傳承的學習精神，是自我啟發的模式。

2. 工夫之樂

所謂工夫的樂，王心齋乃是強調「不學不是樂」，即是藉由學而得，因「學」有一種修養與顯化作用，對於本體之樂是相輔，也是使樂跨向客觀。是於工夫發用的過程中，正因功夫的作用，而有所增進或領會時則可獲得趣味或興味，從中得到自我的提昇感（或稱之成就感、自信心）。故其言：

> 樂是樂此學，學是學此樂。不樂不是學，不學不是樂。樂便然後學，學便然後樂。樂是學，學是樂。嗚呼！天下之樂，何如此學？天下之學，何如此樂？《王心齋全集・樂學歌》卷四）
>
> 人心本無事，有事心不樂；有事行無事，多事亦不錯。（《遺集・示學者》卷二）

王心齋「學是學此樂」、「學便然後樂」、「學是樂」也是一種工夫作用下積極性的話語。又從教化對象上，對於一般人透過學習瞭解到心體之樂，學樂是工夫，以由學習使心知情同意，是以客觀的進路，學樂是由他人啟發的模式，所以「不學不是樂」。另外，他瞭解到高揚本體之樂是不能達用，於是他對學習者指出：心體是和樂的狀態，本來無事（未發），當有事時則心則失去和樂的狀態，這時即須以工夫去轉化，雖有事而當作無事去做，並讓心體意願於事，所以能提昇到即使多事，也能有心體的和樂。實際上，在「尋孔顏樂處」是涵括著兩種意含，或是兩個面向：樂學和學樂。對王心齋而言，樂學與學樂是不同層次，並非是在於手段（以樂為學）與目的（以學為樂）的不同。王心齋工夫之樂的提出，對照理學的學習方式而論（朱子所主整肅精神），其論是對理學的反動。所以，他以學就是樂，主張透過學習仍舊能獲得樂境，而將樂與學相並提論，並且兩者相左不離，正如陳來所言：「樂既是學的出發，也是學的過程和歸宿。」〔註17〕當王心齋以「不學不樂」為其訴求，是由於他意識到樂與學是相互為輔，即透過客觀學習亦可以通達到主體的樂境。

3. 境界之樂

所謂境界的樂，是自得與情境交融後，轉化成較高層次的精神之樂，亦

〔註17〕陳來，《宋明理學》，台北：洪葉文化事業有限公司，1993 年，頁 352。

是指本體與工夫已打成一片，在勿助勿忘之下，所油然產生出一種愛好、歸向，使人格品味變化，如《論語·雍也》：「知者樂水，仁者樂山」這是一種道體的流行正如牟宗三先生所言「道體流行遂與輕鬆的樂趣打併在一起，成了一點雖平常而實極高的境界。當然聖人都有這種境界，亦實能達至此境。」〔註18〕此對王心齋而言是真樂，其云：「學者不見真樂，則安能超脫而聞聖人之道？」《王心齋先生遺集·語錄》王心齋認為瞭解真樂是通往聖人之道的途徑，學者唯有藉由學習真樂，也才能昇華個人情志，因而也可明白聖人的言說，所以提出將「樂」作為學的目的和境界。他指出聖人之學是一種境界之樂，其曰：「天下之學，惟有聖人之學好學，不費些子氣力，有無邊快樂。若費些子氣力，便不是聖人之學，便不樂。」（《遺集·語錄》卷一）他的本體工夫的原則是「先知『中』的『本體』，然後好做『修』的『工夫』」，所以能好學又不費氣力，有無邊快樂，即是合本體工夫為一體，聖人的學習是兼備身心之樂，此樂是極至的感受。因為聖人境界：樂的本體是一個中和，其曰：

> 吾儕同樂同高歌。隨得斯人繼斯道，太平萬世還多多，我說道，心中和，原來個個都中和。我說道，心中正，原來個個人心自中正。……
> 清風明月同高歌。（《王心齋先生遺集·大成歌寄羅念庵》卷二）

道、中都收攝到同樂的境界，這即是他說的大成。牟宗三認為：「平常、自然、灑脫、樂，這種似平常而實是最高境界便成了泰州學派底特殊風格，亦即成了它的傳統宗旨。」〔註19〕他在此還特別強調這乃是超越與內在之打成一片，不是西方所言的快樂主義。又觀照其子王襞，他表述心齋的真「樂」言：

> 吾先子蓋嘗言之也。如是，則樂亦竟辨乎？曰：有。有所倚而後樂者，樂以人者也。一失其所倚，則嫌然若不足也。無所倚而自樂者，樂以天者也。舒慘欣戚，榮悴得喪，無適而不可也。既無所倚〉則者果何物乎？道乎心乎？曰：無物故樂，以有物則否矣。且樂即道，樂即心也。而曰所樂者道，所樂者心，是床上之床也……。（《明儒學案·泰州學案一·東崖語錄》卷三十二）

〔註18〕牟宗三：《牟宗三先生全集——從陸象山到劉蕺山》第八冊，台北：聯經文化事業公司，2003 年，頁 235。
〔註19〕牟宗三：《牟宗三先生全集——從陸象山到劉蕺山》第八冊，台北：聯經文化事業公司，2003 年，頁 233。

牟宗三以為這是對「眼前呈現的良知與分解地說的良知本體無二分別」。另外，唐君毅從與王陽明的「樂是心之本體」的不同上，揭示王心齋的「樂」，其言：

> 茲按陽明原有樂為心之本體之言，其言良知之戒慎中，亦有灑脫之義。然王門學者，則未有明倡自覺此樂在本體，而依之以起工夫，而使人自樂其工夫，亦自樂其學者。心齋則首倡此義。其所以能首倡此義，則正與其不單言心，而即安身之事以言此心之學有關。〔註20〕

牟宗三與唐君毅皆肯定王心齋的自覺樂的本體，而唐氏還留意到對王心齋提倡自樂其工夫、自樂其學者的背後是由於王心齋「以生言心」的存有進路。同樣，勞思光也贊同王心齋不止在於安心，還重安身，將樂歸於具體的生命感受，但同時也提出對他理論的質疑。除此之外，黃宗羲亦針對「樂」表達其觀點，提出樂是否可學的問題，其曰：

> 蓋自夫子川上一嘆，已將天理流行之體一口並出。曾點見之而為暮春，康節見之而為元會運世。故言學不至於樂，不可謂之學。至明而為台沙之藤蓑，心齋父子之提唱，是皆有味乎其言之。然而此處最難理會。稍差便入狂蕩一路，所以朱子言曾點不可學；明道說康節豪傑之士，根本不貼地；白沙亦有『說夢』之戒。細詳先生之學未免猶在光景作活計也。(《明儒學案·泰州學案一·論王東崖處》卷三十二)

黃宗羲認為「樂」是感性活動，個人體驗與領悟無一定標準，所以在教習上不易把捉，不可以學，他提出反面的觀點：朱子言曾點不可學、與駁明道之論。這隱含著他的立場更近於外王的觀點，乃以致用的眼光審視樂的本體。若以積極的觀點論，王心齋是從內聖的途徑看，所以他提樂的本體是無疑。消極的觀點，也或許王心齋也陷於遺忘外緣與其所面對的對象性（百姓），欲將民導向於學。另外，勞思光評論王心齋，認為他「不了解經驗層面上自我的種種限制，以為『應然』意義之境界可直接與『實然』之生命感受完全同一。」〔註21〕吾人以為「樂」的精神，是一種個體生命的趣味，不能單單從經驗層推論，而是一種在經驗過程中與個人主體生命交會而產生的共鳴。在體驗的表述是「神妙」，不及於者是無法理解它蘊藏的興味。當然，透過勞思

〔註20〕唐君毅：《中國哲學原論》，香港：新亞研究所，1975 年，頁 383、84。
〔註21〕勞思光：《中國哲學史》，台北：三民書局，1987 年，頁 846。

光與黃宗羲的評論，讓我們意識到儒家內聖的人文精神中所關注於「樂」與學的理論問題，還須更有系統的闡發，或是應該從不同層次上把握：本體、功夫到境界，讓學者亦於理會，並且於實踐之中發現它。據此，我們可知王心齋接於陳白沙與王陽明後，將樂的理論闡發，並且他將孟子所主張「樂天知命」轉化成以「樂天知天」〔註22〕，在此又加入「同天」是發揮宋明理學萬物一體的思想於內，讓「樂」的本體，背後所引向是價值的要求：精神之「美」追求。

第二節　外王的存有進路

　　程頤教人，從《大學》入手。朱熹的學問與立教，也是以《大學》為中心而開展，明代王陽明更是以《大學》為主軸。對於兩者學術，清代學者焦循（1763～1820，字里堂，晚號里堂老人）於《雕菰集》提出他的看法：朱熹之學適宜於「教天下之君子」，而王陽明之學則適宜於「教天下之小人」；相反與此，劉宗周引「世言」認為：「世言：『上等資稟人宜從陸子之學，下等資稟人宜從朱熹之學。』」（《劉子全書·會錄》卷十三）針對焦循的觀點，是就學說的難易程度立論，朱熹的學說是以「所以然」、「所當然」的方式論道，只能讓士人瞭解，而王陽明學的「良知」教：以當下具足、聖愚無間的學說性質，如此打破聖凡的界線，使得確立人人皆可學的方向。若從語意學上看，有外推的作用，當時儒者無疑的是以「立教」的方式，將自得之學外擴即是一種外王的形式：從朱熹對於《大學》的註釋與王陽明晚年時亦以《大學問》〔註23〕澄清自身理論的觀點，由此，彰顯出朱學與王學在理論建構上的宗旨分歧與針對的命題的不同。朱學重客觀的進路，以「格物窮理」為主，而王學重主觀道德意識的進路，以「致良知」為要，因此，命題的不同，導致學說的發展不同。王心齋雖屬王門之後學，但其對於《大學》的理解，卻與王陽明截然不

〔註22〕或問：「『智者不惑，仁者不憂，勇者不懼。』」先生曰：「我知天，何惑之有？我樂天，何憂之有？我同天，何懼之有？」（《遠集·語錄》）

〔註23〕王陽明於明武宗正德十三年（1518）47歲時，刻《古本大學》，此據鄭玄本。於龍場時就對於朱熹《大學章句》有疑認為並非聖門本旨，應該無經、傳之分，「格致」本於「誠意」，王陽明認為「以誠意為主，而為致知格物之功，故不必增一敬字，以良知指示至善之本體，故不必假見聞。」（《王陽明全書·年譜》卷三十二，臺灣中華書局，1985年）。由此，我們可以看到「致良知」之教理論的雛型。

同，或許因此緣故，黃宗羲將其列於王門之外，而同時也意味著強調他的理解可能不同於中晚明的主流思潮，而是另外以旁支的方式進行。一方面，乃緣於王心齋被黃宗羲列為王門之外，相較於其他王門學者，他的學術定位是備受爭議；另一方面，由於泰州後學所造成的流弊與問題，使得他的學術特色淹沒其中。因此，我們該更進一步瞭解其中原故。

一、良知「致」：淮南格物

在王陽明之後，時人都以王心齋與王畿並稱，最值得注意的是「格物」論，所謂：「越中良知，淮南格物，如車之兩輪，實貫一轂」（趙貞吉《王心齋墓銘》）「淮南格物」的思想，即是他對於《大學》的詮解，學者認為是王心齋入王門之前已形成自身思想，而他雖受到王陽明思想的影響，但多持以是不同於王陽明之學，並且他具有王心齋自身的學術特質〔註24〕。再者，一般研究王心齋的思想都直接論及「格物」，而未細察王心齋是出於何種思路下，形成他的「格物致知」的詮解。如牟宗三認為王心齋對格物的講法：「並無什麼義理上的軌道」，可能是基於王心齋的理論模式不歸於他所重視的理論型態〈圓教論〉，但是他卻標舉羅近溪的破光景的理論，而其思想乃出於泰州，相形之下，他認為王心齋的格物致知不合於圓教之說，並且是傾於朱子之論，難怪會有此論。從而，吾人重新探究心齋主張的「格物致知」。

首先，討論王心齋詮解《大學》的基礎與思路，其次，探索歷來對於格物致知的義涵理解之分歧處，而又瞭解王心齋如何詮解；再者，藉由徐復觀對於《大學》的觀察，論王心齋的格物致知的實謂；再從透過意謂、蘊謂、當謂、創謂等層次分析王心齋的「格物致知」論。經此，深層發掘出王心齋「格物致知」論的底蘊與建構理論的模式。

（一）思想淵源

1. 詮解《大學》的基礎

《大學》原為《禮記》四十九篇中其中一篇。漢鄭玄（127～200，字康成）認為《大學》的宗旨：「以其記博學，可以為政也。」《禮記正義・大學》唐孔穎達（574～648，字仲遠）乃就文獻的性質與精義提出：「此於《別錄》屬《通論》。此《大學》之篇，論學成之學，能治其國，章治其國，章明其德

〔註24〕如錢穆先生、嵇文甫先生、勞思光先生、李書增等《中國明代哲學》、北京大學哲學系中國哲學教研《中國哲學史》即是此立場。

於天下，卻本明德所由，先從誠意為始。」《禮記正義‧大學》在宋代疑經的氛圍之下，理學家不斷的重編《大學》，如程顥《改正大學》，程頤又有《改正大學》，他們對於章次有所變更，而朱熹則根據程頤之意，將《大學》分為經一章、傳十章：經乃孔子之言，而曾子傳述；傳則是曾子之意，而門人記述。朱熹認為舊本有錯簡，又因程伊川所定，而更考經文，別定序次，並增補一段傳文〈補格物致知傳〉。朱熹特別將三綱中的「親民」更變為「新民」，其意是使民眾日新又新，進步不已。而王陽明則認為朱熹不該更易原文，而原意即是親愛其民。基此，劉述先對於朱學與王學的觀察，有更明確的說明：「王陽明之學雖與朱學格格不入，其學始於格物新解，即以朱熹為批評之對象。」〔註25〕黃宗羲於《明儒學案‧師說》更是一語道破，其言：「至其與朱熹牴悟處，總在《大學》一書。朱熹之解《大學》也，先格致而後誠意；先生之解《大學》也，即格物為誠意。」王陽明早年即對朱熹《大學》有質疑，於戊寅時刻《古本大學》，同時薛侃（1486～1545，字尚謙，號中離）刻《傳習錄》，陽明思想已相當成熟。

於是，到王陽明晚年時，有《大學問》〔註26〕的思路。他對於「明明德」的詮解，是吸收與融受程明道《識仁篇》所提出：「仁者，渾然與物同體」的命題為導藥，以架構出「明德」的心體，他提出以天地萬物為一體的仁心，揭示出大人與小人皆有一體之仁，而小人是因蔽於私欲，所以不同於大人之心。只要能自明其德，復其本體（天地萬物一體的本然），就達到「仁」的境界。王陽明又以天地萬物一體之仁釋親民，即是由內而外推擴的原理，論證五倫的關係，就如親吾之父以及人之父到，天下人之父，而吾之仁。實際上，就三者關係聯繫起來，就是一體（孝的明德），弟與兄也在此脈絡下相互界定與完成。至善是明德的本體，也就是良知。《大學問》〔註27〕與刻《古本大學》之

〔註25〕參見劉述先：〈王陽明心學之再闡釋〉，《新亞書院學術年刊》，第十四期，1972年，頁154。

〔註26〕此為錢德洪所錄，記載於王陽明將師征思田前（1527，五十六歲），其提點出：「是師門之教典也，學者初及門必以此意授使人聞言之下，即得此心之知，無出於民彝物則之中，致知之功不外乎修齊治平之內，學者果能實地用功一番，聽受一番親切，師常曰：『吾此意思有能直下承當，只此修為直造聖域，參之經典無不脗合，不必求之多聞多識之中也。』」

〔註27〕據《年譜》中記載，又對照《大學問》中天地萬物一體之仁的思想，也見於同年中的書信往來：〈與宗賢書〉。再往前追溯，55歲〈答聶豹書〉、54歲〈答題東橋書〉。實際上，最初提出是王陽明在53歲（1524）時即在稽山書院講

敘言所論陳其核心的宗旨—良知為本體，前後無所改變；但在《大學問》的理論內容，他卻增添「天地萬物一體之仁」的思想，以「仁」統一德性與成聖的要求，並且以此為內在的設定，並且又通過「良知」的概念，以推己及人的模式推擴。不是以窮理的途徑，即是以仁體的內容填充於以心體之知內，使強烈窮理色彩的朱熹陰霾瞬間蒸發，以仁體取代主知的意向，而突顯一種直觀式的道德自覺型態。

2. 理解《大學》的思路

依前所提到王心齋之子王襞談論其學術的發展，我們可以找出三處，他與《大學》的接觸：最先是他以《大學》一書於自學時已置於袖中，不時請教人，之後默默參究，以經證悟以悟釋經。接著，是在《王心齋全集》和刻影印本（1846）中記載三十八歲的行誼。再者，又根據《心齋先生全集·年譜》，十六年丁酉時，時五十五歲（1538），玩《大學》因悟格物之旨。按此線索，一一過濾。

首先，我們必須細察王心齋是否最初就有「格物」說主要的概念，他雖是閱讀與參究《大學》，可能此時尚未形成具體的思想內容，僅是停留在發明自得與解說明白的階段而已，否則他「格物」的論述即該出現在他最初的著述之中。依此，若我們審視他最早的著作是三十五歲時〈孝弟箴〉，不見「格物」論最關鍵的「身」概念，而還是以心、理、愛、敬等概念乃是朱熹系統的概念貫穿其中，若當時他已重視「身」的概念，而關於孝又與身相連的語詞如修身、安身、保身，或許可援用《孝經》：「身體髮膚，受之父母，不敢毀傷孝之始也。立身行道，揚名於後世，以顯父母，孝之終也。夫孝，始於事親，中於事君，終於立身」但未見，卻使我們進一步發現他重視「孝」，而是否也就是他在格物說中以「身」出位的原因。其次，筆者發現《王心齋全集》和刻影印本（1846）乃是影響許多學者的觀點，亦以此為王心齋早已在見王陽明之前即有「格物」思想的依據，但如果又對照《心齋先生全集·年譜》〔註28〕

會中，臨場發論大學萬物同體之旨，並「使人個求本性，致極知以至善功夫，有得則因方設教」。當時王心齋在場，而王心齋四十歲（1524）時仿孔子周遊列國製蒲輪，即其上標：「天下一個，萬物一體，入林求會隱逸，過市井啟發愚蒙。遵聖道天地弗違，致良知鬼神莫測，欲同天下人為善，無此招搖做不通，知我者其惟此行乎？罪我者其誰此行乎？」又可見於〈鰍鱔賦〉中是受張載「民胞物與」的命題而言天地萬物一體。

〔註28〕《王文貞公全集》青箱熟藏板於嘉慶二十一年開雕（1816）。又查《王心齋先

我們會發現兩方記載三十八歲時的情節與行誼是大不相同，前後同樣地是基於黃文剛之言，而聽聞有與自己論學方式相似者，但前項論述王陽明言良知時，王心齋已有格物之說，而後項則記載王心齋言：「有是哉？方今大夫士汩沒於舉業，沉酣於聲利，皆然也。信有斯人論學如我乎？不可不往見之，吾俯就其可否，而無以學術誤天下。」（《王心齋全集·年譜》卷三）吾人以為三十八歲之事宜是以後項較為合理：若以文獻的年代論，後項是早於前項之版；就「格物」說的內容看，王陽明對於良知之說是回答《大學》中「致知」的看法，他認為致知的知就是孟子所言的良知，其云：「良知只是一個天理自然明覺發見處。只是一個真誠惻怛，便是他本體。」（《傳習錄》卷中）這指出人有真誠惻怛之心，以誠意為主，而王心齋的格物論則是以「吾身是個矩」的概念相距甚遠。綜上，吾人以為和刻本的記載，有偏離事實之嫌。其三，再根據《心齋先生全集·年譜》記載他五十五歲時乃提出「道尊則身尊，身尊則道尊」到「是以有出為天下師、處為萬世師」的思想，這不僅涵括安身與保身的概念，也同時指出他與王陽明的思想關係，其言：「某於先生受罔極恩，學術所係，敢不究心以報。」心齋係受陽明啟迪的恩惠，更為了學術立場，故不受於門戶之限，而提出自身的理論。其四，據耿定向《王心齋傳》：「先生陳格物旨。文成曰：待君他日自明之。」（《遺集》卷四）綜上可知，或許王心齋之前曾探索過「格物」，但僅是初步還尚未具體形成，而真正理論的成熟是於他五十五歲時。

王心齋以紹述孔子的思想為要務，在〈語錄〉中，語多述及孔、顏、孟與聖王堯舜，他提孔子的次數多於顏、孟，而提顏孟之次數，也多於王陽明。他以孔子為聖人的標竿，一方是提出重要的經典不可略，是肯定《詩》、《禮》、《易》對人正面的意義，一面也提醒要仔細研究，並要徹底明白其中的道理〔註29〕。基此，我們可知他的立場，乃是主張閱讀經典，並且在研讀時要逐段推敲、斟酌，因他認為經典可讓人明徹。另外，我們可以觀察他解讀文本的思維，其謂：「《大學》「止」字，……「於止，知其所止」、「止仁」、「止敬」、「止慈」、「止孝」、「止信」，是分明解出「止」字來。」他以歸納的方式，找出一個「止」字，他認為這於《大學》中是重要的概念。

生遺集》袁承業之版，是與此相同的記載。
〔註29〕孔子雖天生聖人，亦必學《詩》、學《禮》、學《易》，逐段研磨，乃得明徹
之至。（《王心齋先生遺集·答問補遺》，卷一）

其次，是他崇尚儒家經典的涵化作用，更是對《大學》推崇甚高，又認為《大學》乃孔門經理萬世的重要內容。既然如此，按常理他應該是照著說，但我們卻發現不是，他的思路在前五目之間的聯繫是依《大學》原意講，但在正心、誠意、致知上卻取消三目的關聯性，而是自己說，直接提出三者各有工夫〔註30〕，後又以誠意為重，這與王陽明的立場是相同，但他強調「止」的工夫義涵，而王陽明則以「致」為工夫。再從，他經常以此為教材，有一段記述著弟子問王心齋「止至善」為「安身」，是根據什麼而來？他回答到：

> 以經而知安身之為止至善也。《大學》說箇止至善，便只在止至善上發揮。知止，知安身也。定靜安慮，得「安身」而「止至善」也。
> （《王心齋先生・遺集・答問補遺》，卷一）

他提綱挈領的指出《大學》所闡發的核心是「止至善」，就是知止，這是可以理解。單以「知止」就是指「知安身」，是很難從文本的內容與文字上直接相連，但就他的思想歷程看，他於四十四歲時作〈明哲保身論〉即提出「保身」的概念，可以於他所舉列的儒典中《詩・大雅・蒸民》〔註31〕，由保身概念過渡到安身概念，似乎是能理解，但若依此思路尋找安身（他所謂心至善即是安身）一詞，於《周易・繫辭下》〔註32〕招有此一辭，而在其他乃有《荀子・富國》〔註33〕、《韓非子・三守》：「人主有三守。三守完則國安身榮，三守不完則國危身殆。」、《韓非子・飾邪》：「汙行從欲，安身利家，人臣之私心也。」與《呂氏春秋，論部・務大》〔註34〕。從上面的線索看，《易》是其

〔註30〕「《大學》言平天下在治其國，治國在齊其家，齊家在修其身，修身在正其心，而正心不言在誠其意，誠意不言在致其知，可見致知、誠意、正心，各有工夫，不可不察也。」（《王心齋先生遺集・語錄》，卷一）又曰：「《大學》工夫，惟在誠意，故誠意章節後引《詩》道極詳備，文王緝熙敬止，『止仁』、『止敬』、『止慈』、『止孝』、『止信』，至沒世不忘，止至善也。」

〔註31〕「既明且哲，以保其身。」在《莊子・養生主》中亦有保身的概念，故有研究者據此認為其思想有濃厚的道家色彩。

〔註32〕子曰：天下何思何慮，天下同歸而殊塗，一致而百慮，天下何思何慮。日往則月來，月往則日來，日月相推而明生焉，寒往則暑來，暑往則寒來，寒暑相推而歲成焉。往者屈也，來者信也。屈信相感而利生焉，尺蠖之屈，以求信也。龍蛇之蟄，以存身也。精義入神，以致用也。利用安身，以崇德也。過此以往，未之或知也，窮神知化，德之盛也。」

〔註33〕「故非有一人之道也，直將巧繁拜請而畏事之，則不足以持國安身。」

〔註34〕孔子曰：「燕爵爭善處於一屋之下，母子相哺也，區區焉相樂也，自以安矣。突決，上棟焚，燕爵顏色不變，是何也？不知禍之將及之也，不亦愚乎！為人臣而免於燕爵之智者寡矣。夫為人臣者，進其爵祿富貴，父子兄弟相與比

舉列的經典，其中提到安身是以崇德，這與明明德可相互解釋，所以可知他不是法家的立場。另外，《易》強調「用」的概念，與王心齋理論中的「百姓日用即是道」的命題，是可相互輝映。綜上所論，這已稍微顯出以《大學》為修身立本的基礎，也同時托櫬出他對《大學》的重視程度。他的安身義涵是什麼？可從其與門人討論時，常引用《詩》、《易》為門人解惑，其道：

> 引《詩》釋止至善，曰：「『緡蠻黃鳥，止於丘隅』，知所以安身也。孔子曰：『於止，知其所止，可以人而不如鳥乎？』要在知安身也。《易》曰：『君子安其身而後動。』又曰：『利用安身。』又曰：『身安而天下國家可保也。』孟子曰：『守孰為大？守身為大，失其身而能事其親者，吾未之聞。』同一旨也。」。（《王心齋先生遺集‧答問補遺》卷一）

前面已論及保身的概念出於《詩》，王心齋在此依從文本的論述，將孔子之言詮解為安身的義涵，更引《易》所論的「安身」延伸說明。《大學》的宗旨與精義，經過歷史的淘洗，在不同時期就有不同的詮解，而朱熹與王陽明所著重也不同，在王心齋卻是翻轉朱熹認識論的傾向，同時也顛覆王陽明道德論的傾向，正試圖將《大學》導引到個體的生命場域。因此，他特別關注在「止」與安身的問題。

（二）格物致知的重構

王心齋以為《大學》最關鍵的問題是在於「止於至善」與「格物致知」的原本的宗旨，其言：「《大學》首言格物致知，說破學問大樞括，然後下手功夫不差。」（《王心齋先生遺集‧答問補遺》卷一）這顯現他相當關切這個問題，並且是切中此問題的核心處。他也注意到《大學》本身並未對「格物致知」作任何的定義，使得歷來學者爭論不休。王心齋的格物論不同於朱學的認識論，他將論點集中於「安身立本」的議題，它是極具有特色，故《明儒學案》稱之為「淮南格物」。

雖然如此，王心齋在某些層面是同於王陽明的思想，如兩人所預設的前題是相同：悟性、人人皆有良知，這是格物致知的本質義涵，也是儒家所重

周於一國，區區焉相樂也，而以危其社稷，其為愚近矣，而終不知也，其與燕爵之智不異。故曰：「天下大亂，無有安國；一國盡亂，無有安家；一家盡亂，無有安身」，此之謂也。故細之安，必待大；大之安，必待小。細大賤貴，交相為贊，然後皆得其所樂。」

視的萬物一體之仁的前導，缺此前題，安身之說就無法推出。根據王心齋的門人所言，他們如此勾描王心齋的格物說：

> 先師之學，主於格物，故其言曰：『格物是止至善工夫。』格字不單訓正，格如格式，有比測推度之義，物之所取正者也。物即物有本末之物，謂吾身與天下國家之人。格物云者，以身為格而格度天下國家人，則所以處之道，反諸吾身而自足矣。（《王東崖先生遺集·會語正集》卷一）

「格物」之說是王心齋學術關注的核心，並以為格物是基本的工夫。這不但簡捷扼要的宣明王心齋格物說的宗旨與內容。於是，在探究王心齋格物致知的義涵之前，必須先補充說明，其萬物一體之仁的思想模式於〈勉仁方〉與〈明哲保身論〉中皆可見。或許這點可以提醒我們須確切的找出他理論的建構是立於何處，由微觀命題與語辭的轉折或過渡之處尋找。

1. 格物致知涵義

就格物的概念演變，最早的義涵是《尚書》的「至」或「來」之意。到宋代時，程伊川在「性即理」的前題下，對格物致知解釋：「格」為窮究，「物」為事物之理，通過格物的方法，達到窮理的目的，其言：「天下物皆可以理照。有物必有則，一物須有一理。」〔註35〕而其弟子朱熹乃按照原義，他的格物義涵可見於《四書集註》內，他釋「格」為至也，「物」為猶事也，窮究事物之理，欲其極處無不到也。另外，又可通過曾春海的研究瞭解到朱熹所論的格物之意，「是就吾人在日常生活中面對種種的人倫關係時，在應事接物上所應做的道德反省工夫，從實際的人倫活動上來澄清確切的道德觀念，建立些道德的行為規範，以便指引實際的道德生活，從而踐性成德。」〔註36〕王陽明於四句教中，以「為善去惡是格物」，又於其他處言及，「格」為正也，「物」為作事字義；若在工夫上論，為正念頭，故格物為本體的工夫，即是正心誠意的工夫〔註37〕。

上述所論，單字的釋義對於「物」皆以「事」為解，但「格物」一辭的解釋上，程朱是相同，而王陽明則是指深層意識的作用。順此理路，再觀王心

〔註35〕《二程遺書》第十八，伊川先生語四。
〔註36〕見曾春海：《朱熹哲學論叢》，台北：文津出版有限公司，2001年，頁98。
〔註37〕「格物是誠意工夫，明善是誠身工夫，窮理是盡性工夫。」《傳習錄·答徐愛問》

齋的格物，他解釋「格」如「格式」之格，即是絜矩之道」〔註38〕。「物」即是「物有本末」的「物」，就是事之意。《大學》原是論述治國平天下的要務是推廣絜矩之道，與民同好惡而不專其利，如此可以親賢樂利，各得其所，而天下太平。倘若王心齋是於五十五歲時才悟《大學》，此時已知王陽明晚年《大學問》，則可能對於「萬物一體之仁」〔註39〕的命題吸收轉化，加入其「格物說」。以「一體之仁」的型態論人與事的關係之中，成為個人與天下國家是一事，使得身與天下不是外在客觀的關係，而是以仁為內涵的內在關係，其謂：

> 身與天下國家一物也，惟一物而有本末之謂。格，絜度也，絜度於本末之間，而知本亂而末治者否矣。此格物也。物格，知本也，知本，知之至也，故曰：『自天子以至於庶人，壹是皆以修身為本也。』修身立本也，立本安身也。（《王心齋先生遺集·答問補遺》，卷一）

而王心齋則是強調認識「身」與天下國家是一體與等質，並以為衡量之本末，而知「知本」就是格物，也即是知道限度。在他看來，不先致知就去誠意，如此誠意還是做差，但又不能以致知為誠意，故須物格而知至。所以《大學》言修身為本，就是以修身立本，而本立則安身。唐君毅認為王心齋以安身言，與王心齋觀點相近，還有楚中蔣道林與止修學派李見羅的修身。王心齋認為「身」是具有普遍義涵，因此，將「身」轉成為「格」的衡量，即是回應身與絜矩之道的關係，其云：

> 吾身是個矩，天下國家是個方，絜矩則知方之不正，由矩之不正也。是以只去正矩，卻不在方上求，矩正則方正矣，方正則成格矣，故曰物格。吾身對上下前後左右是物。（《王心齋先生遺集·答問補遺》卷一）

格之義為量度事物或使事物成為一格式，量「方」要用「矩」，「矩」正才能量「方」，「方」正便合於「矩」。自身是「矩」，家、國、天下是「方」，身正才能正家、國、天下。所以他特別以正矩，而不在方上求，換言之，是從自身主觀上尋求，不強調客觀的條件。格物就是知本、修身與安身。身是本，身是衡量所據的矩，著重以身為本，即是正身。正因王陽明注重「格物正心」，所以發展成「致良知」的理論，王陽明謂：「良知之於節目時變，如規矩尺度之於

〔註38〕鄭玄曰：「善持其所有以恕於人耳，治國之要盡於此。」是恕道，度所以為方之道也。

〔註39〕亦有學者認為：「予以王守仁學說以新的解釋。」參見劉宗賢、謝祥皓：《中國儒學》，成都：四川人民出版社，1994年，頁727。

方圓……規矩誠立，則不可欺以方圓；良知誠致，則不可欺以節目時變」(《傳習錄》卷二) 唐君毅指出王陽明的規矩方圓之喻是無法充份說明良知，其由是有規矩必能成方圓，而以良知之所已知為標準，未必能知節目時變〔註40〕。而王心齋著眼於「格物正身」，所以發展成正己之學，此正意謂著他弱化心對意的作用，實際上是要強化自身行為的意義，以追求修身到安身。他不僅肯認正己，也同時提出「知修身是天下國家之本，則以天地萬物依於己，不以己依於天地萬物」(《遺集‧語錄》卷一) 在確立根本的基礎上，以己身為前題，不依賴、超然於天地萬物 (末)，則一切道德行為都應從己做起。

再進一步，深入瞭解「安身」的內在的意蘊，我們必須先瞭解王心齋所認知的「致知」〔註41〕的意義。格物致知的關鍵點在致知，王心齋提出格物致知以「致」為關鍵，認為如果學習知道「致」，且是「事即學，學即事」，所有日常之用即是學，是連貫無休；這裡他強調學貫日用一切的看法，換言之，無處不是學，於今日而言就是廣義的教育的定義。據此，我們須瞭解它所提的「致」之意謂為何？湛若水以「隨處體認天理」其對格物窮理的解釋是體認「天理」，即是體驗、印證天理，使得朱學可克服外求於物的理論問題。

王心齋在論良知時言及「致」，其云：「曰致，曰體認，知天理也。否則日用不知矣。」(《王心齋先生遺集‧天理良知說》，卷一) 致是體認，是知道天理，也即是良知，並能於日常之用，是重良知「致」。而致的境地是須透過學習的過程，亦能認識到，其曰：「是故紀綱宇直宙者知也，知知者學也，故曰致知焉〔註42〕。此處「紀綱」〔註43〕是指經世兩字的確詁。此表述制度 (人為) 宇宙 (自然) 都是知的範疇，要認知這些要由學，故為體認之知。王心齋

〔註40〕唐君毅：(《唐君毅全集》卷十二《中國哲學原論導論篇》)，台北：臺灣學生書局，1997 年，頁 343。

〔註41〕彭國翔認為王心齋的良知觀是王龍溪在《滁陽會語》所言的第二種看法：「有所謂良知不學而知，不須更用致知；當下圓成無病，不須更用消欲工夫。」其引王襞之語為證，這須再商闕。吾人以為王心齋或許該歸屬於第八種才是‧「有謂學貴循序：求之有本末，得之無內外，而以致知別始終。」唐君毅亦同意，雖彭國翔於後且保留。見彭國翔，〈良知異見：中晚明陽明學良知觀的分化與演變〉，http://www.confucius2000.com/confucian/zyzwmymxlzgdfliyyb.htm2003/9/5

〔註42〕《明儒學案》，第三十二，(泰州學案一)，頁 726。

〔註43〕余英時在〈清代學術思想史重要觀念通釋〉一文中，引高攀龍之言：「紀綱世界，全要是非明白，小人聞而惡之」見《史學評論》，第五期，1983 年 1 月，頁 35。

肯定藉由學的方式即能達到致知，他的工夫論不是照朱熹的格物窮理的表述，
而是依荀子所言「學」的表述，此乃是一種建立整全人格的工夫，不是單以
知識形態論斷生命。

故而，王心齋所倡的格物致知的原旨，是以修身為本，格物致知論是要
補充與支援，他的安身（性）修身（心）的「以身為本」而立論，是偏重於實
際致用的方面。另外，他又針對名教的問題，而重新思考儒家傳統以來的綱
常名教，而提出其批判性的繼承，其言：「止於仁，止於敬，止於孝，止於慈，
止於信。若不先曉得個安身，則止於孝者，烹身割股有之矣；止於敬者，飢死
結纓有之矣。」（《王心齋先生遺集・答問補遺》，卷一）在思辨之後，王心齋
認為烹身、割股、餓死、結纓等行為都是當時名教所宣揚的忠、孝德性的表
彰，而他斥責鼓吹那些對父君的絕對服從，無條件性的孝敬，或遭受虐待也
受之泰然的做法。從消極面看，意謂王心齋要爭取生存權，從積極面看，意
謂王心齋要爭取人權。據上所述，王心齋的「格物致知」實則是成為「立本」
前的某種覺悟，以己身度量本末的「絜」，這顯然表示格物致知是功夫的前題，
或是一種體認。有學者緣此，認為王心齋是主唯我論〔註44〕，而唯我論是一
種認識論，而王心齋以「安身立本」的命題，實際上是屬於人生哲學和倫理
學的內涵，不是知識論。

2. 反求諸己的工夫

如前面所述，對於格物與致知的義涵討論後，我們可以更清楚的釐界出
格物歸結於修身，又把修身的目的說成安身。對王心齋而言，安身是止於至
善，止於至善是安身的終極目的，知道止，才能安身，是指定、靜、安慮，是
一種心靈靜的狀態。進而，當他論及工夫，則是就具體的實踐層面上說，或
者是如何實行。既然已知道致知是安身與修身，當他言工夫，即是如何實行
之安身修身，其謂：

> 身與天下國家一物也，格知身之為本，而家國天下之為末，行有不
> 得者，皆反求諸己。反己，是格物底工夫，故欲齊治平在於安身。
> 《易》曰：『身安而天下國家可保也。』身未安，本不立也，知身安

〔註44〕見李書增等：《中國明代哲學》，鄭州：河南人民出版社，2002年，頁541。
他以〈咏天〉一詩與〈孝箴〉指心齋強調人這一精神主體的主宰作用，具有
明顯的唯我論傾向，但在此所引之文本，其中有〈咏天〉中「會得」、〈孝箴〉
「因體同然」，這些均是萬物一體之仁的思想內涵，吾人以為反而無所謂唯我
論，而是主客相契才會以此話語表述。

者，則必愛身、敬身。(《明儒學案‧泰州學案一‧處士王心齋先王
艮》卷三十二)

　　就身的價值而言，是同於天下國家，以身為本，求之本源，所以即是回復
於身即是工夫。這清楚的指出反己，是以安身為基，推出愛身與敬身，又即是
與〈明哲保身論〉相貫通。在此前題下，王心齋進一步對反己做出解釋，其曰：

物格知至，知本也；誠意正心，修身立本也，本末一貫。是故愛人、
治人、禮人，格物也。不親、不治、不答，是謂行有不得於心，然
後反己也。格物然後知反己，反己是格物的工夫。反之如何，正己
而已矣。反其仁治敬，正己也。其身正而天下歸之，此正己而物正
也，然後身安也。(《遺集‧答問補遺》卷一)

由此表述，我們不難可知道他乃以誠意正心、修身立本，其實是相同一貫的，
所以能推擴出愛人、治人、禮人。當無法親人、治人、應人時，是因著行不能
同於心，就要反己。從思想邏輯的立場而論，似為套套邏輯，而中國哲學本
不主於此，而是面向人的實存上思考，即是從道德意識而論。反的義涵，即
是端正自己，而仁、治、敬是心的呈顯，是內在於自己，即端正自己（心），
為身是心的表現，身心一致、協調即是達至完全的修身，正心而身正，然後
身即安定。此由，內而外的推展，從誠意正心出發至身安的過程，即是本末
相互連續，因此，從工夫上論，是重視誠意正心的反己，並且試圖通過「反求
諸己」，作為格物的功夫。也就是透過反己檢視身是否己正，反己是基於正己。
他在「格物正己」上，是繼承孔子的正人先正己的思想〔註45〕。換言之，王
心齋也是以逆覺體證的方式，達到克己復禮。他雖反對名教但仍標舉孔子所
提出修養方法「誠意、忠恕、強恕」致曲，皆是立本功夫。」(《遺集‧語錄》
卷一) 在以上的論述中，我們明白王心齋詮釋的理路。從而可知，王陽明與
王心齋對於「格物」詮釋的出發或要求是不同的，王陽明是從心體出發要求
正心誠意，主張以人的精神意志為宗；而王心齋同時從心體與性體出發要求
是修身到安身，主張修養自身與自然生命的確立為主。

3. 王心齋淮南格物的評議

　　宋明理學家們，對於《易》、《庸》、《大學》、《孟子》等文本，在義理上的
闡發是功不可沒，尤其在心體與性體的立場，《易》、《庸》多著重於論性體，

〔註45〕《論語‧子路》：「子曰：『其身正，不令而行；其身不正，雖令而從。』」

《大學》、《孟子》多言心體。根據徐復觀對於《大學》的觀察,簡要的列三項特點:一、言「心」,從心落實而提出意;二、「三綱領、八條目」,把道德與知識組成一個系統,亦即是把先秦儒家的整個思想,統攝於心與意之中,使儒家整個思想,完成了合內外之道的完整建構;三、因為正心、誠意是極於治國平天下,於是道德的無限性,亦即是由孔子所提出的「仁」的無限性,可以不上伸向天命,而直接向外擴展於客觀世界之中〔註46〕。以此為據,審視王心齋對《大學》之把握。

若論王心齋對於《大學》的詮釋是否合於文本。首先,不符合第一個特點,因為他同時論及「性」,他將《易》的「安身」納入討論,將心體與性體混為一談,造成心體不夠明徹,心體受於性體的局限,而使得後人直接論斷為「蓋以功利的見解,解格物二字」〔註47〕。因此,在實謂的層次上,他似乎是另立解說,不切合文本,將文本所重的課題轉移。針對第二個特點,王心齋故意忽略八條目的系統性,竟然將致知、誠意、正心三條目與前面分開,因此道德與知識無法相貫,變成各自有工夫,打散《大學》原本的系統性,因此不能統攝於心與意中,而僅能以體認天理良知的模式下,言知本與知止,無法更深入到超越的層面。在第三特點上,他以身與天下國家一體的模式,本末相貫將個人與天下國家以愛人、治人、禮人的方式結合,是透過自然對「安身」的追求,而不是在知上。綜上所論,在實謂的層次上,王心齋是不合於《大學》原義。但是唐君毅於《中國哲學原論導論篇》一書指出,王心齋的淮南格物,是以天下、國、家、身為物,亦是格物之物之所指,唐君毅乃贊同王心齋的觀點。他是基於對朱、王的所理解的《大學》「致知格物」之意剖析,並提出大學文本的要義以「知所先後」一語,是不亞於知止,其言「人亦必致其知,乃能實知中之先後,而時時處處,知其所止,使不相亂。則致其知於「知所先後」,即為以下誠意、正心、修身等一切事之先之一事,而致知亦自成一段工夫。此工夫亦即於物之來接來感,及吾所以應之、感之,而格之之事,皆知止於至善,而知所先後,故曰致知在格物」〔註48〕兩人釋物為事,

〔註46〕徐復觀:《中國人性論史先秦篇》,台北:臺灣商務印書館,1984年,頁263、264。

〔註47〕渡邊秀方:《中國哲學史概論》劉侃元譯述,台北:臺灣商務印書館,1967年,頁136。

〔註48〕唐君毅:(《唐君毅全集》卷十二《中國哲學原論導論篇》),台北:臺灣學生書局,1997年,頁324。

將大學之物字落空，於知所先後一語，加以輕看。

　　若論王心齋的時代背景，他的安身理論所構成的原因，是與對應何種問題？在意謂的層次上，可分為兩部份：一是內緣的因素：就王心齋個人而言，以出身於平民透過自學的方式學習，直到二十七歲才接觸經典，相較於朱熹與王陽明，他的學思的積累相形之下是不能相提並論，因此透過自身的體驗與證悟，去詮解經典。所以，他自己在生活中的體認、講學的經驗，與諸友的交往〔註49〕，成為他造就自己的根據。正如鄭志峰所言：「以行動及氣魄見長，理論思辨並不是他所關注的重心」〔註50〕二是外緣的因素，根據余英時《宋明理學與政治化》〔註51〕一書所述，朝廷對於「士」的誅戮與凌辱，明太祖深知儒家綱常，對於他的統治是具有無上的工具價值，如吳與弼堅持不受任為官，因其「欲保性命而已」。從學術上思考，在朱熹與王陽明的討論，兩方皆已指出知識與道德的層面，如果依循舊說，就只能照本宣科，無須錦上添花，或不須多填筆墨之諸。因此，仔細對照內緣與外緣的因素，不難理解他何以構建安身論，一方面是符合他學思，另一方面乃是基於大時代的處境。

　　若論學者們對於王心齋的「格物致知」論的觀點。在蘊謂的層次，有學者認為「王心齋的『淮南格物』說，是和他的『明哲保身』說相互聯繫的，王心齋認為身是本，物是末，人們應該特別注意保身、尊身、愛身，然後才能達到治國平天下」〔註52〕。據此，他的思想不能單從「格物致知」論看，還必須將與「身」相關的觀點一起論，更能瞭解他的立場。另外，有學者以為「王

〔註49〕在《心齋先生學譜‧學侶考》中詳列王心齋（1483‧1540 字汝止，號心齋）與論學之人。由《明儒學案》地域上的歸派角度看，與之論學的有：甘泉學派湛若水（1466‧1560 字元明，號甘泉）、洪垣（1505‧1593 字峻之，號覺山）與河東學派的呂梧（1483‧1540 字仲木，號涇野）兩學派是獨立於王門之外；還有王門之內的後學者：王畿（1498‧1583 字汝中，號龍溪）、錢德洪（1496‧1574 字洪甫，號緒山）乃為浙中學派，以及江右學派的鄒守益（1483‧1540 字謙之，號東廓）、歐陽德（1483‧1540 字崇一，號南野）、羅洪先（1483‧1540 字達夫，號念庵）等人，心齋又曾會涇野、甘泉、東廓、南野聚講於金陵新泉書院。

〔註50〕鄭志峰：《王學與晚明的師道復興運動》，北京：社會科學文獻出版社，2004年，頁 197。

〔註51〕余英時：《宋明理學與政治文化》，台北：允晨文化實業股份有限公司，2004年，頁 253‧276。

〔註52〕李書增等：《中國明代哲學》，鄭州：河南人民出版社，2001年，頁 545。鄭志峰先生也持此觀點。

心齋的格物說和傳統儒家的格物說，是有重大區別，是對於傳統格物說的修正」〔註53〕。而《明儒學案》：「劉子曰：『後儒格物說，當以淮南為正。』」王心齋提出「格物致知」安身論，一方面是受同門紛紛質疑其另立門戶，又因他不囿於門戶的成見，才能建構出自身的理論與觀點。

　　繼而，我們可能要追問王心齋本來應當說些什麼？在當謂的層次，王心齋其實以「格物致知」論之安身論為理論的形式與內容，最終目的是要推出他的「大成學」，孔子是他效法的對象，換言之，他自躋於孔子。因此，他處處以孔子為標的。於自學開始就擁有聖人的志向，可以從他與王陽明討論「君子思不出其位」，在王陽明的立場，王心齋是毫無政治地位的布衣，不應該思考和參與國家大事，而王心齋自任為儒者的態度，明知自己是草莽匹夫，而更該去追求堯、舜之治。依此為據，他是具有強烈的致世態度。另外，他對於《大學》的評斷，是：「驗之《中庸》、《論》、《孟》、《周易》，洞然吻合。孔子精神命脈具此矣。諸賢就中會得，便知孔子大成學。」（《王心齋先生遺集·語錄》卷一）正因他以繼任孔子精神的使命感。有人認為王心齋「蓋以功利的見解，解格物二字，這似乎不夠深層瞭解格物說的底蘊，或者未參及至！」耿天臺（定向）對於王心齋的評價，直接依宋代的「存天理滅人欲」的命題評判王心齋，於此，亦未思及王心齋所欲解決的問題、所處的處境，與所要建構出安身論並不出於私欲，是在尊重個體生命的基礎。誠如左東嶺對於他的觀察，提出王心齋的淮南格物說是一種存在論，「他的存在理論，就是要將其人生自我放在各種關係中反復加以權衡評說，以期最終找出一種可供操作存在理論與人生態度」〔註54〕。王心齋「格物致知」在當時可能如洪水猛獸，而若置換於今日，無疑適切於個體與群體之間微妙的關係，如「正己而物正」意即由「推己及人」，而知人、我是否得先正己，換言之，王心齋的求安身之道，乃言致良知以盡性之道。

　　最後，在創謂的層次。歷經宋代到中晚明，王心齋的理論發展可能是必須回答宋代留下的困局——「存天理滅人欲」的問題。恰如魏晉的名士般，提出「越名教而任自然」的命題，以解除積壓已久的綱常桎梏。一方是窮究事理，一面是道德主體的確立，兩方都是以強烈的理性的訴求為主，而今王

〔註53〕林子秋、馬伯良、胡維定：《王艮與泰州學派》，成都：四川辭書人民出版社，1999年，頁85。

〔註54〕左東嶺：《王學與中晚明士人心態》，北京：人民文學出版社，2000年，頁349。

心齋將它轉化成生命個體的「自愛自重」，突顯出身不僅具有道德個體的意識，還包括有生命基能。如同麥仲貴所言：他是在朱熹與王陽明的格物說的基礎，由直溯大學原義，「較大學之說詳備……而自有其格物之新義。」〔註55〕這是掃除陳年積雪般，是要扭轉長期宋明理學的態式，王心齋不畏個體與群體之間的衝突性，藉由衝突開出另一個嶄新的課題——生命個體的「自愛自重」，求取存在與存有之間的和諧，也是他追求最終的目的是一個體與群體的調和為依歸。《大學》一篇是對於儒家內聖而開出外王途徑的展示，是同時顧及人即具有個體性（殊別）與群體性（共通），故人能有合內、外的能力，雖因人而可有不同方法，但目的卻是共同地，就如西方對此課題——有自由主義〔註56〕與社群主義〔註57〕，至今仍然爭論不休，但王心齋卻站在儒家的立場上，提出一種更基礎的途徑，從個人修身、愛身、尊身與安身做起，再漸次推擴到家、國、天下等群體。有關於此課題，將於第七章中論述，中晚明儒者的觀點與自由主義、社群主義，為三者開闢出共濟的空間。

二、百姓日用與即事是學

在王陽明時社會的景況，仍以王公子弟為主要教育的對象，即謂菁英式的教育，而百姓學習的通道是有所限，王陽明即以「日用間何非天理流行」為題，王心齋繼而發揮，宣揚「百姓日用之學」作為其講學的中心思想，徹底落實王陽明所倡的「人人皆可為聖人」的理念，將教育的方向確立。若相較兩人的思維的側重處：我們可以發現王陽明的抽象思維是更強於王心齋，但在具體思維方面王心齋則略勝陽明一籌，如兩人理論的基礎不同：王陽明以心為論，王心齋以身為論，兩者是天地之別，主要是與兩人生平學思有關，

〔註55〕麥仲貴：《王門諸子致良知學之發展》，香港：香港中文大學，1973 年，頁 133。
〔註56〕自由主義（Individualism）以選擇、契約、協議的模式面對，是以多元主義對於多樣目的、善的觀念予以容忍，讓各個目的的目的各得其所，故採取「價值中立」的原則。參見（英）安東尼・德・雅賽（Anthony de Jasay）：《重申自由主義》陳茅、徐力德、劉春瑞譯，北京：中國社會科學出版社，1997 年，頁 17。
〔註57〕Commumnitarianism，其內涵是「認同、自我意識和共同利益方面具有同感的社會群體」，作為一種強調社群聯繫，環境和傳統的積極價值以及共同利益，旨在揭示人格自足的形而上學的虛假性並遏制自由主義帶來的個人主義的極度發展所產生的危害性的理論思潮的社群主義，正是在與形形色色的自由主義特別是其當代的表現形式即新自由主義的論戰中發展起來。參見應奇：《社群主義》，台北：揚智文化事業股份有限公司，1999 年，頁 5。

還與兩人所設定理論的對象不同，和良知觀的不同，王心齋以「日用現在，指點良知」。如果以體用關係看，王陽明言體用關係有二：即體而言用在體，即用而言體在用〔註58〕，而二王乃是分別對於體用的關係有所調配：龍溪是前者以體為主，使用等同於體，而王心齋是以用為主，以使體等同於用，因王心齋乃以「體用不一，只是功夫生」。這顯示於他並連以「百姓日用即道」與「即事是學，即事是道」的命題：

（一）百姓日用之道的義涵

1. 思想淵源

「百姓日用之道」是一古老的命題，又經過宋明理學的蘊積，乃在王心齋身上開花結果。最早的經典中可見百姓日用之道一詞的出現是《易・繫辭上》：「一陰一陽之謂道，繼之者善也，成之者性也。仁者見之謂之仁，智者見之謂之智；百姓日用而不知，故君子之道鮮矣。」乍見《易》所提百姓日用與君子之道似乎是相對一組概念，孔穎達亦在這種理解：一方面論道含藏在無形之中，百姓依此但不知道之功力，另一方面道是以各種方式表現，明體道君子也很少。（《周易正義》卷七）這表述出道在不同人身上表現是不同，在百姓是日用不知〔註59〕。到宋明理學重視「繼善成性」論發揮性理，而將百姓日用強調為經世之學。朱熹的老師就曾提醒他要重視日用之學，朱熹於是在「日用處一意下工夫」。這方面王陽明也注意到，其曰：「日用間何莫非天理流行，但此心常存不放，則義理自熟。」（《王文成公全書・答徐成之》卷四）、「惟聖人能致其良知，而愚夫愚婦不能致，此聖愚所由分也」。（《王文成公全書・答顧東橋書》）王陽明分別百姓日用與聖人在於工夫的「致」，而朱熹與陽明對「百姓日用」的理解，都是在人倫之理上表述，這無疑是肯定百姓日用的存在義與流行義。雖王陽明提日用間何莫非天理流行，二王都承接，但真正著力於「百姓日用之道」乃是王心齋，也因此王學得以傳播四方。王心齋對於「百姓日用」之道的闡發，不是如龍溪以學術研究的方式，是由自身的經歷內而出，從王心齋《年譜》中我們可以看到：四十二歲開始，他即以百姓日用發明良知學；又於四十六歲時，與同門講於書院，還是以「百姓日用是道」為論；四十九歲則有「四方從游日

〔註58〕《陽明全集》，頁 31。
〔註59〕侯外廬《宋明理學史》乃依孔穎達的注解，詮解為聖人與百姓的分別，這似過於強化君子與百姓之別，孔氏言：「君子謂聖人也。仁、智則各滯於所見，百姓則日用不知，明體道君子不亦少乎！」其強調明體「道」。

眾，相與發揮百姓日用之學」，他終身講學致力於此課題的實踐。由此，理解王心齋的思想，毫無疑問不可視而不見。

2. 百姓日用義涵

黃宗羲於《明儒學案‧泰州學案一》論述心齋的生平，提及王陽明之後，門人的講學情況，其言及王心齋：「開門授徒，遠近皆至。同門會講者，必請先生主席。王陽明而下，以辯才推龍溪，然有信有不信，惟先生於眉睫之間，省覺人最多。謂『百姓日用即道』，雖僮僕往來動作處，指其不假安排者以示之，聞者爽然。」尤其，對於龍溪與心齋的講學的影響上，提及龍溪雖辯才好，但聽者不完全能信服，而王心齋則透過舉手投足間，卻可以啟發人，正因為他倡導「百姓日用即道」的命題，牟宗三即引此段指出此乃泰州學派的特殊風格，並言：「他以為到眼前即是，主平常，主自然，全無學究氣，講學大眾化，故其門下有樵夫，有陶匠，亦有田夫。」〔註60〕近來學者研究，多從其弟子職業說明王心齋發明百姓日用即道，或是有學者認為王心齋即是以百姓日用為道的標準。吾人以為，此乃是適切的說明一種透過自身「言行舉措」的方式，而能走向「他者」的要素。又參究王陽明指點龍溪與錢緒山講學的方式：「你們拿一個聖人去與人講學，人見聖人來，都怕走了，須做得個愚夫愚婦，方可與人講學」（《王文成公全書》卷三）這說明聖、愚之間的問題，須異地而處的消融差異，才能走向他者，由之「百姓日用之道」對學者而言，反而不該是聖人與愚夫愚婦的對立，而是要有能融入對象的情境內，為其設身處地瞭解其難之處。王心齋經歷從灶丁到學者，他更能瞭解雅俗之間的差異，因此在宣講時，不以高遠玄虛之言，而以僮僕往來動作說明「道」，而同門之鄒東廓不贊成他如此言道。

陽明倡言「個個人心中有仲尼」、「人胸中各有個聖人」，到王心齋以「滿街都是聖人」。陽明從個體修養看，人人都可能成為聖人，人有良知，強調先驗性與普遍性，後者以全稱則更徹底化，王心齋是願當時社會能人人具有聖人的身心和踐行，所以，有人質疑王心齋是否把聖人與百姓等同？尤其，在傳統儒家的聖人與百性是有天壤之別的距離，而一介平民學者該如何理解百姓日用之道的命題。在《荀子‧性惡》提到路人都可以為禹，乃是因禹「知」仁義法正，乃仁義法正是可知可能之理。荀子認為聖人經化性去惡，是人之所積而致，但

〔註60〕牟宗三：《牟宗三先生全集──從陸象山到劉蕺山》第八冊，台北：聯經文化事業公司，2003年，頁233。

王心齋是反對人偽。他以僕人日用〔註61〕表述非人為，以捧茶意喻人心不預先欲「意」，即呼即應，是一種直覺主義。僕人捧茶是「不知」因為不能常行，反之，聖人是常保持於不懶和不詐。而聖人所指是何種特質的人？傳統稱聖人乃有三層義涵所指涉：一是博通事理，二是道德修養造乎於極，三是凡精通一事而他人莫能及。而王心齋聖人所是指是那一層次？其曰：

> 百姓日用條理處，即是聖人之條理處，聖人知便不失，百姓不知便為失。（《遺集·語錄》卷一）
>
> 聖人之道無異於百姓日用，凡有異者皆謂之異端。（《遺集·語錄》卷一）

他同於荀子以知為論，提出聖人知便不失，是以聖人知所以不會犯錯，而百姓因不知而常犯錯，他以第一層定義聖人，不同於以陽明以先驗道德的義涵。從知與不知延伸出雅俗的意識型態作用，他兼跨兩域，所以他提出雅俗之間的相同與差異，認為兩者過於兩極化，他是經歷由俗至雅的過程，與其良知觀的推波助瀾，使得其致力於聖人近於日用之道，他以「知」遍分雅俗的分別，所蘊含著「雅」是愚夫愚婦可以達到，消融傳統雅、俗兩隔的發展，而認為「中」才是社會所需的「道」，其謂：

> 或問『中』，先生曰：『此童僕之往來者，中也。』曰：『然則百姓日用即中乎？』曰：『孔子云百姓日用而不知，使非中，安得謂之道？特無先覺者覺之，故不知耳。若智者見之謂之智，仁者見之謂之仁，有所見便是妄。妄則不得謂之中矣。（《王心齋全集·答朱思齋明府》卷五）
>
> 學本無異以人之所見者，各自以異耳。……是各以己之所見者為是，以人之所見為非也。既知人矣，有知名矣，又知字矣，是既以己之所見者為是，又之人之所見者為是也。夫然洞然無疑矣。（《王心齋全集·天理良知說》卷一）

〔註61〕其曰：「往年有一友問心齋先生云：『如何是無思而無不通？』先生呼其僕，即應；命之取茶，即捧茶至。其友復問。先生曰：『才此僕未嘗先有期，我呼他的心，我一呼之便應，這便是無思無不通。』是友曰：『如此則滿天下都是聖人了？』先生曰：『卻是日用而不知。有時懶困著了，或作詐不應，便不是此時的心。』」（《明儒學案·江右學案一·鄒東廓錄》卷）又表述聖人之心與百姓之心相差之處只是在於聖人常知與常行。又見於（《遺集·年譜》卷三）：「先生言百姓日用是道。初聞多不信，先生童僕之往來，視聽持行，泛應動作處，不假安排，俱順帝之則。」

　　他認為童僕之往來是一種中道，王心齋是經過思辨後，提出經典所載上的百姓日用不知的說法，並重新賦予內容：在於「無先覺者覺之」，就是沒有獨見前聞不惑於事的人來知曉。若仁與智只偏於一仁或一智只是妄，就不是中。王心齋其實要指出不單只有君子特有仁智（道德修養），而百姓日用亦有之，只是無人啟發，否則百姓也可能是具有君子自覺道德修養，也能知「中」（全體）。而王心齋以為「學」，是聖人與愚夫愚婦可以交會之處，故其曰：「惟百姓日用而不知，故曰：『君子存之，庶民去之。』學也者，學以修此中也。」（《遺集‧答問補遺》卷一）學就是修「中」，聖人面向於百姓是覺人，而是百姓面向於聖人是「與知能行」，故使百姓知常與知行，是須透過學（教）與「學是愚夫愚婦與知能行。聖人之道，不過欲人皆知皆行，即是位天地育萬物。」（《遺集‧年譜》卷三）他認為透過學的方式，使人人通往聖人的理想人格，也是人人可通往成聖（位天地育萬物）的途徑，更具體地論他聖人的內涵，不是官方意識型態下，所奉行或推出的聖人概念，而還要經過個人辨別心悅誠服其道（立足於天地萬物之間）的人，他以為兩者兼綜才是聖人。

　　朱熹對於聖人的看法，強調於日用間顯現本心的無私性，其曰：「聖人千言萬語，只是要人收拾得個本心，不要失去了。日用間著力擒去私欲，扶持此本心出來」（《朱子語類‧論語五》卷二十三）這留出一個可以聖人與日用的空隙，故王心齋接著說。有人對他強調以自然和樂為出發，可能讓人誤以為他重視安身，所以，必定凡事不重公義而以私利為重，或許我們可以透過他對於萬物為一體的表述：

> 日用間毫釐不察，便入於功利而不自知，蓋功利陷溺人心久矣。須
> 見得自家一箇真樂，直與天地萬物為一體，然後能宰萬物而主經綸。
> 所謂『樂則天，天則神』《王心齋全集‧語錄》卷一）

　　他認為一般的知識份子是不關心平常日用，而細微變化是無法察識，所以有功利之心，這他強調於日用間的察識，否則心便會陷入功利。他不是以盡心，而是以知性：良知（善）是自家的天性是能與天地萬物為一體，「一體」的意蘊是兼主客的知識，就能以公心經世，而達到樂、天、神三層境界（樂天知命）〔註62〕，他不以對立的方式看待百姓日用，而能「善者與之，則善益長；惡者容之，則應自化」的轉化角度，透性知幾，所以他云：

〔註62〕程顥曾言：「天者，理也。神者，妙萬物而為言者也。帝者，以主宰事而名。」（《二程遺書》卷十一）這與王心齋常始用的語彙相同。

愚夫愚婦與知能行，便是道，與鳶飛魚躍同一活潑潑地，則知性矣。
（《王心齋全集·語錄》卷一）

聖人經世，只是家常事。（《遺集·語錄》卷一）

愚夫愚婦的行為活動是「知性」的表現是默運的道或是隱默之知，是在食衣住行日常之中。如果聖人是以道為宗旨，而百姓日用理當也是道的展現之一，即便一般的風俗習慣也是經世者該瞭解，和貼近百姓之用的內涵，再回歸到他的良知觀看，他的聖人觀不是前論三層的義涵，而是帶有鼓勵性、平易人人可行，其曰：

夫良知即性，性焉安焉之謂聖，知不善之動而復焉執焉之謂聖，惟百姓日用而不知，故曰：以先知覺後知。一知一覺無餘蘊矣。此孔子學不厭而教不倦，合外內之道。（《遺集·答徐子直》卷二）又見於（《遺集·與薛中離》卷二）

王心齋知道不能以上層知識文化要求下層，所以提出以日用型的聖人標的一即是「知不善之動而復執」，人於交往、教學互動的過程培養「知不善之動」，王心齋以孔子為例，他既是一位平民又是一代儒宗的身份。由之，他為什麼認為「凡有異者皆謂之異端」？他為救正以往意識型態下的偏失，異端是偏於一，或是體或是於用、偏於雅或俗。從而，他不贊成以聖與愚之別來區分人的不同，而主張是一視同仁的看待，又從他對人的修養方法論，其曰：「知體而不知用，其流必至於喜靜厭動，入於狂簡；知用而不知體，其流必至於支離瑣碎，日用而不知，不能一切精微」（《遺集·又徐答徐子直》卷二）此表述喜靜厭動與日用不知都不是道，而平民之道是「與知能行」，王心齋不在於兼善天下或獨善其身，而是致力於回到孔子「有教無類」平民教育的傳統，回到雅俗共融的社會。實際上，王心齋百姓日用之道〔註63〕的論述，和良知於人的可能性，相較是陽明是更圓融，也因此為什麼東林學派顧憲成對王學「無善無惡心之體」有微辭，卻對王心齋評論是：「有超悟而又有篤行」（《顧端文遺書·證性篇》卷六）。

（二）即事是學即事是道

百姓日用與道相連，所表述的另一個傾向是百姓之事（學、道）：合理的生理需求、學以變化氣質、以孝第為本。王心齋深知下層百姓的生活方式與

〔註63〕朱之瑜也提出「聖賢要道，止在彝倫日用」的命題。

合理的需求，又從〈鰍鱔賦〉中表露出他以道化俗的企圖心，張學智認為「以聖道化民的行動，是儒家萬物一體的理想和『百姓日用即道』的理論的切實表現。」〔註64〕對王心齋夾雜於上層與下層文化之間，要使下層與上層鴻溝逐漸縮小的方法是「即事是學，即事是道」。近人研究這命題認為是禪宗的作用見性，往回追溯其實陸王心學型態即是如此，這命題是延伸至王陽明，但因王心齋的訴求對象，所以他增益「即事是學」。王陽明良知之教所至之處在於事上磨練，這必然是本體下貫於與工夫，他提出事即道〔註65〕，其曰：

> 愛曰：「先儒論六經，以《春秋》為史，史專記事，恐與五經事體終或稍異。」先生曰：「以史言謂之史，以道言謂之經。事即道，道即事。《春秋》亦經，五經亦史。《易》是包犧之史，《書》是堯、舜以下史，《禮》、《樂》是三代史。其事同，其道同，安有所謂異！」《傳習錄上》

王陽明以圓渾一滾的說法回答徐愛，其表述雖各經典稱述不同，但都言事與道，他抽出經典的本質內涵說明共同性，陽明關切的問題與王心齋是不同。王心齋關注是百姓的生活需求上看，有人據此以為王心齋是一功利主義者，其曰：「即事是學，即事是道。人有困於貧而凍餒其身者，貝寸亦失其本而非學也。夫子曰：『吾豈匏瓜也哉，焉能繫而不食？』」〔註66〕（《遺集・語錄》卷一）他提出百姓所面對的第一事是生活物質的基本滿足，這是安身理論的枝葉，以能安身為準則，看「本」的問題，認為論學之前應該先滿足自然的生理，他的表述在朱熹亦曾提出「雖是人欲，人欲中自有天理」的思維〔註67〕他不依循顏子安貧樂道的模式，而宣聲百姓的處境，因王心齋曾為灶丁與商人瞭解百姓

〔註64〕張學智：《明代哲學史》，北京：北京大學出版社，2000年，頁245。

〔註65〕據〈王陽明年表〉於明武宗正德十五年（1520）心齋於此時稱弟子，此時王陽明尚未揭示「致良知」之教，而於隔年才開始講「致良知」。又依《傳習錄》的成書年代看，論及「事與道」的問題，皆為徐愛所錄，因此，或而傳習錄中卷則於1524年十月。《傳習錄》上卷其中有十四條是徐愛所記載，而徐愛是1507年受業於陽明至1518年卒，而傳習錄上卷是1517由薛侃集結徐愛與陸澄與本人共129條。而1509年時陽明即論「知行合一」之說。

〔註66〕在《論語・陽貨》文本中是表示孔子欲前往佛肹，子路疑惑，其以匏瓜（味苦人所不食）為喻，怎麼能是懸而不被人採食！王心齋就社會的景況，托以匏瓜為百姓需求為喻，怎麼能懸而不管其需要。

〔註67〕朱熹天理人欲觀，還有其二：一是天理人欲不容並立，是後學所發揮。二是天理與人欲相統為王夫之與戴震所發揮。王心齋所提出蘊發出清代實學的以天理與人欲相統一的闡揚。

之難。否則，他不用處處提出排私意、「不以養身者害身」等的表述。

　　百姓之事是第一義，而第二義則是學。宋儒張載肯定了教育和學習能變化氣質的作用，這也闡明了人受教育的可能性和必要性，其曰：「為學大益，在自能變化氣質。」《經學理窟・義理》、「氣質惡者，學即能移。今人所以多為氣質所使不得為賢者，蓋者蓋為不知學。」《經學理窟・氣質》教育對人而言，在它可以改變人的氣質而使其完善自己的道德品格，使人朝向完美。前面論述王心齋肯定學的意義，他同時也認為透過學習變化人的氣質，其言：「善固性也，惡非性也，氣質也，變其氣質則性善矣。」（《遺集・語錄》卷一）他從孟子所言的性善論出發，認為善是人固有本性，惡屬於氣質之性，是受後天的習染，改變氣質即能回至固有的善性，其試以例說明：「清固水也，濁非水也，泥沙也，去其泥沙則水清矣。故言學不言氣質，以學能變化氣質也。」（《遺集・語錄》卷一）王心齋以水喻人，泥沙喻氣質性，學即是過濾泥沙之網，將人去蕪存菁，所以學能變化人之質性。這無疑是贊同張載對氣質論的看法，並言對學者有潛移默化的效果，亦使自身體認良知，後能尋找樂境和涵養心志，而充滿詳和之氣，此影響人的性格，使人能接近中和；學是為涵養人性（內在）故為本，而氣質的變化則是外在表徵的效果。

　　學習即是強化或改變人後天的條件，但學又受後天環境的影響，當有良善的環境會使人受到薰陶，長時間後，自然有別以前。這同於傳統儒學人對人環境的影響上，如孟子所喻「近朱者赤，近墨者黑」的論點。在此論點上王心齋並無新論只是延續舊說而已。「學」的作用的強調，在孟子是弱式以持志養氣，或君對民教化，而荀子則是強式表述，於王心齋不可能跳離宣講的對象與其學說「知性」的範圍，所以他宣講的內容必然針對百姓不足或是所需：事（道）、學，是以強式主動的表述。前已論述，可知王心齋將聖人從傳統高高的上位，下置與一般人同之，故而，他認為受教育者應是人人皆可，能由其謂：「人之天分有不同，論學則不必論天分。」（《遺集・語錄》卷一）他認為人雖有天生的資質的不同，但從學習的立場視之，天分無法確保之其學習的必然性。因此，事可學，道亦可學。王心齋以「學」替百姓開闢一條人人可為的進路。

　　事與道的原則，於百姓之事（道）的基礎而言，王心齋以維繫人際的關係縱向是以血緣為導向，強調「上下皆當以孝弟為本」。就中國傳統宗法社會而言，孝弟原則是維繫家庭的基本，這也是群已關係的初步，以孝弟貫通上

層與下層。王心齋主張事親以孝，可於其《年譜》中他與其父的行誼中可知，這課題也是他思維的起點，他最先作〈孝箴〉與〈孝弟箴〉二篇，他闡揚與自身體會和學思的相關：「孝弟」是由於他接觸最早的儒家經典之一即是《孝經》，是切合於他所志──百姓日用之道。基此，他以「孝弟為心，其理自識」表述孝弟可讓理自明，主張道德具有自明性，這是承襲心學理路，也是自律理論的先決條件。事與孝的關連是什麼？在孟子提出道在近處事在易，就是「事，孰無大？事親為大。守，孰為大？守身為大。不失其身而能事其親者，吾聞之矣；失其身而能事其親者，吾未之聞之也。孰不為事？事親，事之本也。孰不為守？守身，守之本也。」《孟子‧離婁上》王心齋據孟子對於「事」的思維，形成其安身理論的起點或是另一支幹，他以孟子事的價值理序為準，在事親與安身的關係是「上孝養志，下孝養體」。他以為人是以「仁」為核心，他紹述孔子說明仁是以親親為主，其曰：「仁者人也，親親為大」、「孝弟之至，通於神明，光於四海，無所不通」和孟子：「仁之實，事親是也。」、「人人親其親、長其長，而天下平」〈離婁上〉王心齋以儒家的仁人，推出以孝弟對應於事理，使百姓為仁人。據此，在他的萬物一體之仁為底蘊，故他以「義一」將天人同於一理，其謂：

> 蓋聞天地之道，先以化生，後以化形。化生者天地，即父母也；形
> 生者父母，即天地也。是故仁人孝子，事親如事天，事天如事親，
> 其義一也。（《遺集‧與薛中離》卷二）

他表述的內容正同於張載〈乾稱〉與朱熹的注釋，這顯示出人與人、人與宇宙的關係，而以孝弟開展出事親與事天的信念。進而，又相參他所舉外王的典範：堯舜之道，亦是以孝弟為本，他認為百姓能事父如孝，則能擴展到忠君。王心齋的「孝」的信念，所遵循無疑是傳統儒家的主張教民的理念──以孝為先，《孝經》：「夫孝，德之本也，教之所由生也。」、「人之行莫大於孝。」、「孝，天之經也，地之義也，民之行也。」孝弟是儒家倫理的基本規範，也是作為分別親疏的宗法制度的基礎，所以歷代私天下的政權都擁抱儒家思想，以它為教化的工具，此已深植於下層百姓，王心齋也深受此影響，雖要思想上欲打破理學累積以久的窠臼，但對於儒家的基礎（宗法社會）還是無法以革命的方式完全推翻，僅能在思想上作漸進、柔性的推進。這樣我們可能要探究王心齋所主張的理論究竟是以民為主，還是以君為主的安身的理論，這關涉他的立場：為政權發聲，還是為百姓喉舌，而建構他的儒式社會？

第五章　王心齋的儒式社會

第一節　內聖外王的理想社會

　　儒家社會型態乃是以德為本的理論，素有道德主義之稱，而內聖外王的意識也是在這理論下而蘊，而儒家對於有德者或有官位者的通稱是君子，但君子在西周、春秋時也是對貴族的通稱，到孔子將君子的內容轉化成「有德者」與小人相對，即將勢與道分離，以仁、禮為尊。之後，孟、荀分別站在不同立場：多言君以民為主，多言君道身修民自正。此乃由於立場導致發展理論傾向的不同，王心齋以何種模式建構社會？有學者乃據〈明哲保身論〉與王心齋的平民身份兩種理由，而認為他是近於墨式的義利觀社會，抑或他是儒式社會呢？以下即觀察王心齋的社會圖像、社會理論，以及他被人所詬之墨式義利觀上展開：

一、人人君子比屋可封

　　王心齋所描繪的社會是一個「人人君子，比屋可封（堯、舜）」〔註1〕的社會。從安身論的內容，可知他從百姓個體出發：保身、尊身、敬身。儒者有

〔註 1〕「比屋可封」這見於陸賈（230～176B.C）《新語‧無為》：「堯舜之民，可比屋而封，桀紂之民，可比屋而誅者，教化使然也。」他在〈道基〉提到人類文化發展，必透過聖人的參與和創造，才能善於配合自然法則而之人文化成世界，分先聖、中聖、後聖三時期，歸向「統物通變，治性情，顯仁義」。王心齋對於人類文化發展的觀點，乃是仁義德治，是與陸賈持同樣的看法，但陸賈以賞罰法治為輔，這卻是王心齋反對。

「為己之學」之說乃著重於為學的動機，所引導出自發性與自律性。他企圖打造一個在上位者均為君子，在下位者都是堯舜之民的社會，但在心齋的論述中也提出「大人」之學，所以我們必須先瞭解是否有層次的不同：王心齋言「大人造命」這是出於《易・乾卦・象辭》，「大人」的表述是儒家對政權者和德行高尚者、或上司和長輩的敬稱〔註2〕，乃展示一個以文化菁英為主體的社會。

孟子主張守身，荀子則主修身〔註3〕，這並具於王心齋建構社會的理論之中，守身的是為事親，而隆師親友是為修身，而王心齋認為兩者皆有重要價值。所以在他表述道的內容：在客觀上是學，在主觀則是孝弟。於是，我們可以由四個部份進行瞭解王心齋的理想社會：首先，觀照他完整表述的部份：在〈奉緒山先生書〉指出堯舜的政權的型態、〈與南都諸友〉所宣告以「欲堯舜其君，欲堯舜其民」以萬物一體之仁為論主張以孝國、〈勉仁方〉揭示仁信為基礎的感應之道，形成相親相信的社會、〈王道論〉他提出解決嚴法社會的根本之道是「養之有道而民生遂，教之有方而民行興」透過以學統政，上下講學明理的儒式社會。其次，再參考散列的文字表述。這樣不但能把握到他思想的核心，也能旁攝可能散列的線索。

第一部份，前面已論述儒家是以公天下為社會的型態，在〈奉緒山先生書〉隱含的提出堯舜的公天下模式。這大前題是「與人為善」，小前題是「致良知」，結論以「順天應人」，與墨式亦主的順天、法天是不同，其曰：「舜受堯之禪是也，而又不忍逼堯之子於宮中而避之。避之者，遜之也。是故順乎天而應乎人，皆由己之德也。」（《遺集・奉緒山先生書》卷二）遜之意是逃去之意，表述舜因不忍（仁心）退讓其位，是由於自己的德。「已」又是通代自稱的「身」，相參他的「身」的概念，他認為社會的根本是身，而身的最後根據又來自於心，「治天下有本，身之謂也。本必端，端本，誠其心而已以矣。」（《遺集・復初說》卷一）他主德與身（已）是公天下的基礎，推至最後是本

〔註2〕如孟子：「有大人之事，有小人之事。」《孟子・滕文公上》大人指君王，有推行教化的職事，小人指農工商，從事具體勞作，所以君王才有掌教化。孟子對與君主與民的表述多以大人與小人的對稱，而荀子則多以君子與小人的對稱。由此可知，荀子的君子不是以孔子專以有德者，還涵有君王。所以要知道王心齋的立場，我們可須從文本整體的脈絡中判別其是以有德者或是君王為論。

〔註3〕孟子守身指不使陷於不義，以守節操報本，荀子是透過學的涵化改變身心。

於誠心。由之，從社會的角度看，身最小單位，即是個體的概念，往往一般人乍見於他言「身」多以為他僅僅重物質。王心齋在〈奉緒山先生書〉中所表述的事例與言辭，和所指禪讓的政治典範，皆是儒家的思想，雖墨家也以德化為主，但其政治是源於亂而需治，與王心齋所引退讓是不同。

第二部份，在這篇〈與南都諸友〉中，他提出社會典範、原則到具體實行的方法。首先，王心齋指出君與民的典範是堯舜，而此種君民之道是「至簡、至易、至樂」使上下樂而行之，沒有繁難。他以為堯舜式的社會是以「見幾而作」的方式，效果就自然展現。幾是指動之微，或是徵兆。其次，提出純孝之心與之行，舉明太祖教民以孝弟。他論證由天地與人一理，其關鍵是仁人，而仁人是事親如事天。又引孔子言周公郊祀、文王宗祀說明天地之性人為貴，人之行莫大於孝；再引孟子的仁義補充，結論是堯舜之道以孝弟。其中，還用《孝經》中觀念由孝可導忠於君，主張上下皆以孝弟，上位不以孝治事是未盡其「術」又以《易》由微到著說明如何以「孝」教天下，王心齋提出「天下有不孝者鮮矣」引《論語》孝的觀點支持，以達百姓能「親親而仁民，仁民而愛物」。凡不能如前述為前題，則是賊君（國家）、賊人（人際）、自賊（自己）。因為這樣的言與意都是非禮的行為，是表現出絕人道、棄天命（王心齋認為是等於虛無寂滅），不是萬物一體的立人道。

再者，上能取下必舉，父兄教之，子弟學之，師保勉之，鄉黨榮之。上者適時予以鼓勵，下者負有傳承、流衍、宣化之職責，影響到窮鄉愚夫愚婦皆可能與知能行。這無疑是安身論的具體化，以孝弟為總原則，以教學為方法，到落實於百姓日用之道所展現是儒家的教化型態。王心齋的社會核心是以「仁」溝通天人，而墨家是以「義」溝通天人；又以孝可移為忠，愛由親而疏，這與墨家無等差的愛是不同。此反映出王心齋的社會倫理還是在漢代綱常倫理的思維之下，強調忠君、位與術的關係。這理論的提出似有緬懷明太祖時，而針對他當時社會，特別是於「刑」的設置上應該以「先王教民六行以孝為先，糾民八刑以不孝為先」、「非孝者無親，則當懲之。懲一人而千萬人戒也。」此反應社會是以德為本，以刑為輔。此篇形構出比屋可封的社會，乃是上下皆孝弟的良善社會。

第三部份，〈勉仁方〉是一篇對同道的宣講，主要核心著重於人與人的關係是仁信之道，典範是顏子。他認為「夫仁者愛人，信者信人，此合內外之道」即是以愛與信為人際的基礎，正論提出仁信之道，反論則以不愛則不仁，

合而言之是「愛人者人恒愛之，信人者人恒信之」，他以《易‧咸卦》所表現是一種感應之道稱述，並非是墨家的「兼相愛，交相利」。其次，反向論陳：人不愛我，不是人不仁，而是自己不仁，同理推之於信，說明感應之道是為己之學：「自修之不暇，奚暇責人」，這緣於「在於我者」〔註4〕行為不夠深切，處世不能融洽的原故。做到以反求諸己的工夫，以顏子「自望而望於諸友」的進入，而至仁者的境界：「一物不獲其所，即己之不獲其所也，務使獲而後已」由境界轉出人與物的對待關係，這是一種推己及物的態度，導向《中庸》所展現的「天地位而萬物育」的志向，王心齋乃是以人道通往與天道的聯繫。

再從，自我與人是以友的關係，以樂與望的態度相應，因友的志向與深望，我必有所責任。此顯現王心齋悅樂是一種由本體到境界，王心齋的責任不是以規範性而是相感於對方、自發於內心的責任感；乃與處事的智慧是同等重要，其原則是「誠意、忠恕、強恕、致曲，皆是立本功夫」（《遺集‧語錄》卷一），如對於別人的過失，該如何做？其曰：「不面斥朋友之失，而以他事動其樞，亦是成物之智處」（《遺集‧語錄》卷一）他不主直言而是透過他事婉轉告知。處事的總則是「外變不失其常，善處變者」（《遺集‧語錄》卷一），在各自的角色上有適當的行為活動，如君止於仁，臣止於敬，子止於孝，父止於慈，「止」的內涵和能「常」是繫於：王心齋以舜的事例指出「不以其害己而或間也」，不因人害己而有縫隙。進而，對於管理者層面是「以人治人，改而止，其有未改，吾寧止之矣。」從講說、引導之不時、有過不能容、能容其過而不能使之改正等方面上檢討自己，也就是強調「正己」的大人之學；此特別值得注意地是王心齋「內聖外王」的意識是「成己是仁，成物是智」，而採「時措之宜」的立場。

他引先聖之言，並認為堯舜、文王、孔子共通處是「為天地立心，為生民立命」，雖然其位有上下之殊別，即是一種自望而望於諸友，以支持人際關係的合理性。最後，加強仁信之道的重要性與知道〈勉仁方〉才能反求其身。此篇形構出人人君子的社會是仁信相待的良善社會，是由人道投射：「自成自道，自暴自棄」〔註5〕（《遺集‧語錄》卷一）以誠為導引，使人人言禮義、

〔註4〕本篇王心齋除引用外，指稱自己以「我」來表述，這於前兩篇未見。前以人際是以人己表述。

〔註5〕前句是出《中庸》二十五章：「誠者，自成也。而道，自道也。」道是導之意。後句是出《孟子‧離婁上》：「自暴者，不可與有言也；自棄者，不可與有為也。言非禮義，謂之自暴也；吾身不能居仁由義，謂之自棄也。」

居仁由義,主張以良知之學、簡易快樂、優游灌飲,自改自化的方式達成。這是一種最高的自由的型態,自由不由於外,而出自於自身內在的要求。所展現是人與人自然相互作用下,所形成高度秩序、人文化的社會。

第四部份,〈王道論〉篇在基於「存天理,遏人欲」的王道立場,提出根本是以仁政的「無刑」為宗旨,典範是周公輔政,大原則是「養之有道,教之以方」。王心齋先定義何謂天理?何謂人欲?天理王心齋認為是五倫,而人欲:不孝不弟、不睦不姻、不任不恤、造言亂民,以家、族、管理者的觀點上看人欲,可見這部份考量是傳統宗法社會的制度。其次,他觀察刑的源出是惡,而惡又出於教養,所以他認為「衣食足而禮義興,民自無惡矣。」進而,表陳養之有道與教之以方兩方面的小原則與如何實行:在養之有道是以「務本節用」為原則,能將社會導向:定制、定業、均節不特、民志淳、眾皆歸農而冗食游民。

針對財政整體提出去除虛糜無益之費用,而制用有經,重本抑末,使巧詐游民各皆有工作,如此達到「生者眾而食者寡,為之疾而用之舒,而財用無不足矣」主張以三代之制可學,其曰:「其三代貢、助、徹之法,後世均田、限田之議,口分、世業之制,必俟人心和洽,方可斟酌行之。」(《遺集・王道論》卷一)從王道的立場看,人心的和洽是制度實行的重要依據。又於〈均分草蕩議〉中針為田制的問題,提出定經界的辦法。並認為要從制度的精神上著手,而不是照搬原制,是逐漸實後通變而得宜,才不會擾民。他不僅關切制度層面,也指出精神的層面與民安的重要性。

在教之有方,他仍以唐虞之道為事例,追其成因是明人倫:「昔者堯舜在上,慢民之逸居無教而近於禽獸也,使契為司徒,教以人倫。」(《遺集・王道論》卷一)人心的培養有賴於六德(即智、仁、聖、義、中、和)、六行、六藝,而實行明倫之教的次弟是先德行而後文藝,可知王心齋是主張尊德性而道問學。王心齋教的內容與方法:應以道德仁義之教為主,文藝次之〔註6〕。

〔註6〕「後世以來,非不知道德仁義為美,亦非不知以道德仁義為教,而所以取士者,不專以道德仁義,而先於文藝之末。故上有好者,下必咬甚焉者矣。在上者以文藝取士,在下者以文藝舉士,父兄以文藝教之,子弟以文藝學之,師保以文藝勉之,鄉人以文藝榮之,而上下皆趨於文藝矣。……故學校以外,雖王宮、國都、府郡之賢士大夫,一皆文藝之是貴,而莫知孝、弟、忠、信、禮、義、廉、恥之學,而況於窮鄉邑,愚夫愚婦,又安知所以為學哉。」(《遺集・王道論》卷一)

這反映出他對明代崇尚文藝的反動，也批判當時的社會上、教育界中不良的
風俗。他堅守儒學與陽明的道德、品德的修養與為學的態度。他認為若要扭
轉此局勢，只有慎選有德性的人為師，以整頓學校，其云：

> 今欲變通之，惟在重師儒之官，選天下之道德仁義之士，以為學校
> 之師。其教之也，必先德行而後文藝，……其科貢之中，苟文優而
> 行劣者，必在所；行優而文雖劣者亦在所取，使天下之人曉然知德
> 行為重，六藝為輕。如此，則士皆爭自刮磨砥礪，以趨於道德仁義
> 之域，而賓興可行矣。（《遺集·王道論》卷一）

這樣嚴格的挑選師者的人選，道德操守是首要的條件，而文藝為次要，
讓世人可效法，即可開崇德之風氣。

而針對刑的設置，王心齋認為不能先於教，「弗教，故不教而殺謂之瘧」
（《遺集·語錄》卷一）刑是第二義，因為他認為古代不是依「刑」維繫社會
的運作，而是以「信」，其云：「古之時百工信度，故數罟不入汙池。凡宮室器
用，一切皆有制度，百工惟信而守之，莫或敢作淫巧以去罪戾。故人將越度，
而工不敢為，所以令易行而禁易止也。」（《遺集·語錄》卷一）王心齋舉古代
社會的有序是根源是信（德）與制度，使各行各業司其職，也使令容易的傳
達於百姓。依此，他認為明倫對社會有移風易俗的同化效果：使鄉黨鄰里相
親、相睦、相愛、相勸，歸於善。人人都以德行為本，不以「營心於功名富貴
之末」，而功名富貴自在其中：上者，取賢與善；下者，舉賢以為己功，勸人
與善，影響愚夫愚婦皆知所以學。王心齋意圖透過建立道德而產生主仁義的
社會，這仍是承儒家的傳統主德輕刑。

綜上，王心齋的社會理想論證的形式是近於非嚴格義下墨家的三表法〔註
7〕，但內容的引述與核心觀念都是以儒家，並可發現他是以針對當前的社會
為論，汲取過去先王的經驗，建構他理想社會的模式。所以，他是以批判繼
承的立場，重構適於當前的儒家的社會型態。而他的安身論則是在高度自我
要求下，所要建構為「人心和洽」的良善社會。從現實的層面論，其以身為個
體的基礎，故持之唯有立於此基之上，人才會樂於從事，進而能成己成人。

〔註 7〕「有本之者：上本之於古者聖王之事，有原之者：下原察百姓耳目之實，有
用之者：發以為刑政，觀其中國家百姓人民之利」《墨子·非命上》若轉換為
今論證可知：所謂本，是立論的歷史根據；所謂原，立論的實驗求證；所謂
用，是理論現實的預期效果，必須三者同時並兼，缺一不可。

在前已論述他對身的觀點，他視安身之學，標舉為大人之學。這無非是以健全己身為本（成己），進之能推至齊家、治國、平天下（成人）的漸進式的立命之道。對個體與群體而言，人解決生活實際問題是最根本的，社會也以民生為基，故須先滿足基本條件，才能有安定、和諧的社會。雖他的社會理論僅以典範、大小原則和方法表陳不夠詳細，但已顯示出總則性的宗旨與目的，還是可供社會趨勢的目標。社會建構對王心齋而言，是有進程：第一階段是養之有道，第二階段是教之有方。由上，透顯出王心齋的儒理式道德仁義社會的打造乃係於「學」，不同於漢代以天命為是，而是以立人道的「大人造命」而學的社會，於此，我們尚須瞭解王心齋對於政與學（教）關係是以何者為重？方能加以論斷。

二、出處與師友

　　王心齋對社會的理念是養之有道與教之有方，他相當重視上層的結構的建立，而人心和洽所顯現的是社會和諧，但其當時社會並不和諧，當時身為一個儒者是徘徊於「出處」的門廊前，因他自我意識到儒者不該避世，但又礙於外在政治環境的險惡，在強烈的內聖外王意識作用之中，儒者的抉擇與憂慮是什麼？以下分為兩方透析：外層看其出處的態度，內層探究其師友的理念：

（一）外層：政學與理勢之辨

　　「學」是王心齋人的良知在自然與日用的作用下，自成為君子的一個契機，也是人文社會下人與制度的一種聯繫。對王心齋所認為知識份子而言，「學」包括者兩方：一面是通向內層涵義是培養與激發潛在的能力與才幹，一面是指向外層涵意則是，一般知識份子多半是「學而優則士」，當以學為媒介外顯而成為仕，或社稷也透過學制以建立選賢與能的系統。而內層義涵是必然而成，但外層是不必然，因係受制於外在因素的社會體制的運作種種條件。王心齋觀察明代社會需要透過教化的方式，重新建構出一個有序和諧的社會，而最重要的建設的成員則是中層的知識份子，而如何使知識份子能參與其中，而知識份子該以何種立場參與社會。王心齋從知識份子個體問題，展開不同觀點的討論。孟子是以天爵與人爵的概念討論，批判當時人修天爵

為得到人爵的錯誤〔註8〕，王心齋是否是如此呢？

首先，我們先觀察他如何思辨知識份子在擁有知識後，又結合權力的處境上的矛盾與困難，他在〈王道論〉中提及「重師儒之官」，這一方面是基於他想救正傾法家式的社會，而須儒家以德行為主導社會的發展與建構；另一方面，是就自身為一個儒者，所具有的知識與能力的培養，是足堪以擔當社會所負的責任，再者，孟子就提出善政不如善教的論點，認為善政得民財，而善教得民心，歷代以儒為師。治者以教化將知識普及於被治者的一種途徑，被治者因教化內容與個體條件形成獨特的個體，傳統社會都建基於公共性以「學」的系統下，而傳統社會的政權是家族為主的私天下方式存在，王心齋瞭解公共性與私自性的矛盾，從而他不得不承認這事實，其謂：

> 社稷人民，固莫非學。但以政為學最難，吾人莫若且做學，而後入政。（《遺集‧語錄》卷一）

> 古人謂學而後入政，未聞以政為學，此至當之論，吾丸齋且於師友處之，若於人民社稷處試，恐不及救也。（《遺集‧答宗尚恩》卷二）

學的系統是共同和諧的起點亦是終點，因是社會與百姓都賴於學的成全，而政具有私自性若作為學問的內容是較困難，王心齋參考傳統與個人情況考量，提出如果由先作學問成為學者，後再進入政權發揮所學是較恰當。而且他評估個人平民身份與政權的問題是適於師友相處，由學後入政。又從王心齋給門人林春的書函，林春當時已身居於吏部之職，信函中表述他心喜於朝廷能以林春為官，朝廷不昏昧，而又藉此提醒林春，「又得龍溪先生諸友切磋，學日益明，此第一義也。學外無政，政外無學，是故堯舜相傳授受，允執厥中而已。」（《遺集‧答林子仁》卷二）他先提出諸友與學是第一義，而後表述政與學是相互依存，其關係密切又能相互支持與補充，而他以堯舜的模式指出「相傳授受」即是學，而此乃是一種執中，這隱含他公天下企望的和諧是以諸友與學為基礎，政與學就能統一於公共性。

王心齋瞭解知識份子置於身份與權利的緊張關係中，在回答門人對於官職與名利祿位的問題，在〈又答宗尚恩〉的書信中表露無遺，此函中問「為祿而仕」，王心齋回答他是先提及古人如何為仕，他表述隱含著還必須考量勢的

〔註8〕孟子曰：「有天爵者，有人爵者。仁義忠信，樂善不倦，此天爵也。公卿大夫，此人爵也。古之人，修其天爵而人爵從之。今之人，修其天爵以要人爵。既得人爵而棄其天爵，則惑之甚者也，終亦必亡而已矣。」《孟子‧告子上》

問題，即是「出疆必載摯，三月無君則弔」，不是主觀為仕就可以，之後他舉孔子為祿而仕說明：乘田必曰牛羊茁壯長，委吏必曰會計當，孔子知道要盡其職，做時卻牛羊不茁壯。為仕的行為，論盡其職是理，但當做而不成時是勢。王心齋的語用多以「出位」〔註9〕、「出行」〔註10〕表述經世，在此不同於三十八歲時與陽明討論的立場，他最後提醒其門人宗部（字尚恩，號丸齋，泰州人）要注意到經世所面臨的問題：「是為出位之思，是為過之。過與不及，皆自取其罪過。」經世要執中是相當難，在過與不及都是取決於自己，表明自己並不是欣喜。他深究到原初最關鍵：勢與理都瞭然於心，則能以「為祿為道，無入而不自得者，有命存焉。」這樣的觀點可見於另一封〈答林子仁〉的書函以直接的表述指出，他之所以被推薦於朝廷為官的事，他認為是「理勢之自然」。

另一個角度論仕、祿與道的關係，他考量是否害身為決定的依憑，不同於前以本心言，他以兩組概念相對，一是仕與祿，一是仕與道，在董仲舒以來儒家義利之辨的思維下會以仕祿為利，而仕道為義，直接就動機判斷：仕道高尚於仕祿，但王心齋不是如此依判，其曰：「仕以為祿也，或至於害身，仕而害身，於祿也何有？仕以行道也，或至於害身，仕而害身，於道也何有？」（《遺集・語錄》卷一）在王心齋已意識到如果因名利祿位而做官，會導致做官傷害到個人〔註11〕，同理可知仕與道的關係也是，但這無法表述他價值的依據，但他是對等看待這兩組概念，又再觀察他對於仕道的觀點，其言：「知此學，則出處進退各有其道：有為行道而仕者，行道而仕，敬焉、信焉、尊焉，可也。有為貧而仕者，為貧而仕，在乎盡職會計，當牛羊茁壯，長而已矣。」（《遺集・語錄》卷一）學道是知出處進退，依各自的動機完成各自賦予

〔註9〕 出於《易・艮》：「君子以思不出其位」，出就《易》是超越的意思。王心齋以平民身份，表述出位的概念，應該是表述強烈的參與意願，相對於內聖為主而言，即是一種外王的意向。

〔註10〕 他對於出行的觀點是由《論語・先進》中孔子與學生談論政治抱負，王心齋批評孔子只以三子的意見是他狂，他認為就個人的實際景況考慮：「譬之：曾點有家當不會出行，三子會出行卻無家當，孔子則又有家當又會出行。」（《遺集・語錄》卷一）這表述出王心齋是較看重「有而出行」。據此，經世或外王不是直言此概念才是，而是經過由微而顯的過程，而王心齋其整體思想內是已蘊含。

〔註11〕 王心齋的害身概念，是基於自然主義來理解明朝（國家），所以僅從利害衝突的觀點探討政治理論，他以舜自耕稼同陶農。

自身的要求，行道是以敬、信、尊，貧而仕盡其職。據此，我們發現王心齋的價值觀不是一種對立，也不會以單一面向立論，而是有正題與反題、合題。再觀，他同意陽明對於身與道的取抉的觀點，其曰：「天下有道，以道殉身；天下無道，以身殉道；未聞以道殉人者也。以道殉人妾婦之道也。先生常誦此，教學者以立本。」（《遺集‧語錄》卷一）所謂的天下有道，是指理性運作下的社會是和諧、有序，以社會群體和諧為重，以道德循求個體，換言之，個體的要求應該順於群體；而當社會無序衝突，以個體循求道德，換言之，則個體要為群體的和諧而努力恢復社會到有序的狀態。綜上，我們可以推知，他的害身觀念是基於明代社會情勢，所以為仕的問題：是政學之間與理勢之間相互辯證而形成不同的處境。

　　王心齋正面肯定有道德的人出仕，其云：「君子之欲仕，仁也；義也。居仁由義，大人之義畢矣。」（《遺集‧語錄》卷一）他所據的理由是仁與義，君子是能居仁由義。王心齋觀察時弊，對於政與學次第是主張講學是先於政，「或言為政莫先於講學，先生曰：其惟盛德乎！蓋僚友相下為難，而當道責備尤重，《易》曰莫之與則傷之者至矣，其必曰：官先事信而後言可也。」（《遺集‧語錄》卷一）雖知在當時社會很難做到，這盛德無法於現在實現，但可以先做到「官先事信」而後就可以等待。相參前論，王心齋認為為官的條件：道德、事信、不偏、對於事理的分判，而君子具備這些可經世的知識與能力，但從終極安頓上言，出仕有職不是君子所關切或安身立命的目的。

（二）內層：身正與師友之辨

　　一個社會的運作其實是要兼綜各個面向：文化、教育、政治、經濟層面，但王心齋提出以學制衡政的缺陷，而傳統宗法社會人倫是以五倫為主，五倫中最後二倫是「君臣有義、朋友有信」王陽明因書院與講學的關係，無形之中催化出師友的關係，也造就出相對於官方的學制的學術團體，以學術為主的團體不以出仕為目的，係以學習身正而歸向於聖人之志，中晚明隨著講學活動的蓬勃，書院也聚集許多以學為宗的知識份子與求學者，成為交流學問、共同活動的場所。在王陽明並未強調，也非其學說的重心，直到王心齋卻提出〈勉仁方〉隱約的宣聲出「師友有仁」的意向，又於〈王道論〉的主張中強調社會運作教化不能專對百姓而已，還須上下皆行，其曰：「然非天子公卿講學明理，躬行於上以倡率之，則徒法不能以自行而卒，亦不可致矣。」（《遺集‧王道論》卷一）上位者以講學明理並具體實踐於社會，而影響下位其行

為，尤其他重視社會不依賴於外在的法，而是內化於人內在，而自行而為，他認為唯有透過「講學明理」才能形成王道社會。

於前述王心齋特別強調師友的關係，這也是緣於其以修身為重考量，他倡導百姓日用之道也本於使之「與知能行」，更值得注意的是關於修正第五倫，而提出「師友」關係。對於傳統儒家多主述孝弟，而王心齋以師友論是否有相左，對王心齋個人是無所牴觸，整體人倫概括可區分內層與外層關係：在家與家族是屬於內層關係：父子、長幼以孝弟為重；在國與天下是屬於外層關係：君臣、朋友、師友以仁信為重，也就是愛人與信人。就內聖而言，以德行為主，隸歸於身正所以能適於理與勢而作；在外王而言，以講學為主，隸歸於授受所以是師友。由之，在外王的意識中，他把握君臣與朋友的關係轉出師友，其言：

> 聖人經世，只是家常事，唐虞君臣，只是相與講學。(《王文貞公全集‧語錄上》卷二)

> 六陽從地起，故經世之業，莫先於講學，以興起人才。古人位天地、育萬物，不襲時位者也。(《遺集‧語錄》卷一)

他將外層關係收攏於經世之業內，以講學的型態表述外層的關係，隱含著把原本等差倫理跨向平等倫理，透過講學的方式使政治、社會都朝向完成聖道的目標。可於他的教育次第上看出，其謂：

> 學者有求為聖人之志，始可與言學。先師常云：學者立得定，便是堯舜文王孔子根基。」(《遺集‧語錄》卷一)

> 志於道，立志於聖人之道也；據於德，據仁、義、禮、智、信五者，心之德也；依於仁，仁者善之長，義、禮、智、信皆仁也。此學之主腦也。游於藝，多識前言往行，以蓄其德也。《遺集‧語錄》卷一)

他相當重視初入學者在立定志向上，不能是為仕，唯有以聖人為目標，才能開始稱之為學。以孔子所描繪的聖人圖像和孟子的德目，表述聖人之學的主要精髓是仁德，並且尚須博學於歷來的前言往行，存藏自身的道德。

在《大學》文本的立場，身與家、國、天下是相聯繫，必然會以經世之志，這點王心齋也同意《大學》的觀點，以吾身為天下之本的理論，提出不同品德的人該有不同的經世方式：我們於王心齋所予其門人的書中瞭解，其表述他提孔子為典型：不論是否有位或無位，而其「學不厭而教不倦」就是一種「位育」之功。又如大人可以「位育」，也可以是「不襲時位」；而聖人則必

須出位，其言：「聖人雖時乘六龍以御天，然必當以見龍為家舍。」（《遺集‧語錄》卷一）王心齋以「時乘六龍以御天」一意向表達聖人悠游於經世之外，「必當」一辭表述強烈的勢與理要求意向，「家舍」一辭代替經世是聖人歸所的義涵。這指向王心齋唯肯認經世者必然只是聖人，係於聖人之教以良知之學的修養工夫。外層關係的原理是道與義，而能產生道義的關係，在於師友，其言：「道義由師友有之，不然恐所為雖是，將不免行之著、習不察。」（《遺集‧與俞純夫》卷二）師友扮演著學問知識傳遞、中介的角色，使道義能傳達出，也藉由師友的互動中顯現，否則無師友貝憎自行但不知道道義在其中。

王心齋預設「善性與性善」的人性，是以良知純善的社會提出師友論代替原本五倫的人倫之序，不免有人質疑他的理論。近人研究多據「人人君子」的概念及「出必為帝者師，處必為天下萬世師。」〔註12〕說明王心齋是為王者所規劃的社會藍圖，蓋因其未據文本完整的脈絡分析，僅斷章取義的下結論。王心齋既以良知觀是現在、日用，又以淮南格物強調是身正而物正，且反求諸己，都是通向「欲堯舜其君，欲堯舜其民」的社會模式，其理論的根基於「仁者與萬物為一體」這論點可見於〈與南都諸友〉，不唯以王者為考量設計天下，或者我們可由下面的對話中進行理解：

> 大丈夫存不忍人之心，而以天地萬物依於己，故出則必為帝者師，處必為天下萬世師。出不為帝者師，失其本矣；處不為天下萬世師，遺其末矣。進不失本，退不遺末，止至善之道也。（《遺集‧語錄》卷一）

王心齋基於孟子所言的仁心的觀點，又運用萬物一體之仁的精神推擴到外王層面，而得到外王的必然性、一致性、真理性的結論，本末相貫的內涵是什麼？而荀子也同樣善擇師友與環境，但王心齋未言善擇而直接言師友，他不知善擇的問題嗎？吾人以為係出於他以師友的學術平衡私天下的政權，所以他不言尊君，可由這段表述中瞭解，其曰：

> 門人曰：出則無為帝者師，然則天下無為人臣者矣。先生曰：不然。學也者，所以學為師也，學為長也，學為君也。帝者尊信吾道，而吾道傳於帝，是為帝者師也。吾道傳於公卿大夫，是為公卿大夫師

〔註12〕如李書增等：《中國明代哲學》、侯外盧主編：《宋明理學史》。雖然王心齋仍是以孝弟為基，但其師友論，並不是帝王者所樂見，王心齋甚至影響黃宗羲《明夷待訪錄》與顧炎武的以學術制衡政權的觀念。

也。不待其尊信而炫玉以求售，則為人役，是在我者不能自為之主宰
矣，其道何由而得行哉？道既不行，雖出，徒出也。若為祿仕，則乘
田委吏，牛羊茁壯，會計當盡其職而已矣。道在其中，而非所以行道
也。不為祿仕，則莫之為矣。故吾人必須講明此學，實有諸己，大本
達道，洞然無疑。有此把柄在手，隨時隨觸無入而非行道矣。有王者
作，必來取法，是為王者師也。使天下明此學，則天下治矣。是故出
不為帝者師，是慢然苟出，反累其身，則失其本矣；處不為天下萬世
師，是獨善其身。而不講明此學，則遺其末矣。皆小成也。故本末一
貫，合內外之道也。（《心齋先生語錄·語錄》卷上）

　　有人向王心齋提出若經世是無為〔註13〕帝者師，則有無為人臣？王心齋
聲明其立場不是如此觀點，之後澄清解釋自身的觀點。首先，王心齋他按自
己所設想的社會圖形說明：以學為宗，對於「無為」的轉化是以「學」，是傳
承、風行的意謂，王心齋常以堯舜的關係表述學。學是主動、積極的意義，而
不是教化的被動的意義。以共同性轉化為特殊性的師、長、君的身份，這不
是僅為帝或王所設想。其次，他才提及帝者「尊信」吾道，可以瞭解前面的表
述即是他的觀點與立論。尊信的概念對王心齋而言，包括著自我與社會的兩
層意義，尊即是尊身、尊道，信則是師友論中強調。「尊信」與「傳於」兩者
是既相對又相當，可知為帝者師的條件是「尊信」，也是不為人役、自作主宰
的關鍵要素，所以是「帝者師」不是法家的以君王之法、術、勢為重，而是以
德行。繼之，他意識到如果理（道）與「勢」不能相行，可以自作主宰：因自
身的條件情況為判，若須經世則以盡其職，道仍在其中，即便是與勢所不合。
他以「主宰」、「把柄」表述個人思想的核心是：他的良知學不囿於只從道而
不變通，而是「隨時隨處無入而非行道」圓融的經世或處世〔註14〕後面是王
心齋認為「必然」的可能是因為他目的是：「使天下明此學，則天下治」，所以
人實踐，就有人「取法」（此包含於學的範圍），如果不能是帝者師，「出」的

〔註13〕「無為」就儒家是表示以德政感化人民，不施行刑治，《論語·衛靈公》：「無
　　　　為而治者，其舜也與。」就道家是表示順應自然，不求有所作為。朱熹解釋
　　　　這一詞是：「無為而治者，聖人德聖而民化，不待其有所作為也。」文本的發
　　　　問者是未知，但據王心齋回答的內容看，無是動詞表示「非」、「沒有」的義
　　　　涵，是全稱反向加強的表述。
〔註14〕經世與處世皆是外王，只是所作為的範圍不同，經世是傾於政治的管理義涵，
　　　　而處世則是社會人倫的應對進退。

意義：此學就不能達至，同理推之處不能是萬世師，就是獨善其身，所以他提出經世的目的與需完成的使命，如此自我與社會才能為一體。在此顯示出王心齋外王的內涵與意義，他的外王是有廣狹兩層，狹義是經世，而廣義則是處世。

孟子曾言：「人之患，在好為人師。」（《孟子‧離婁上》），王心齋也瞭解學者之患也是好為人師，而有人針對此提出質疑「出必為帝者師，處必為天下萬世師」的觀點，難道是好為人師的問題？〔註15〕王心齋這段表述是：

> 董子某問先生嘗曰：出必為帝者師，處必為天下萬世師□程先生好為人師何如〔註16〕？先生曰：子未學禮乎？董子曰：亦嘗學之矣。先生曰：子未知學人為師之道乎？董子曰：願□教之。先生曰：禮不云乎？學也者，學為人師也。學不足以為人師，皆苟道也。故必修身為本，然後師道立而善人多。如身在一家，必修身立本，以為一家之法，是為一家之師矣。身在一國，必修身立本，以為一國之法，是為一國之師矣。身在天下，必修身立本，以為天下之法，是為天下之師矣。故出必為帝者師，言必尊信吾尊身立本之學，足以起人君之敬信，來王者之取法，夫然後道可傳亦可行矣。庶幾乎！己立後自配得天地萬物，而非牽以相從者也，斯出不遺本矣。處必為天下萬世師，言必與吾人講明修身立本之學，使為法於天下，可傳於後世，夫然後立必俱立，達必俱達。庶幾乎！修身見世，而非獨善其身者也。斯處不遺末矣。孔孟之學，正如此。故其出也，以道殉身，而不以身殉道。其處也，學不厭而教不倦。本末一貫，合內外之道也。夫是謂明德親民止至善也。（《心齋先生語錄‧答問補遺》卷上）

王心齋首先，針對董子的問題，先說明自身的論據是《禮》，他以人師與師道的表述區分：以學只能通向職位是人師，而師道是除學之外，還需加上修身。他預設師道可以善增，緣於他的〈王道論〉的教化的內容是明人倫。其

〔註15〕 這段在不同的文本記載有所不同：在（《王心齋先生遺集‧答問補遺》卷一）、（《心齋先生全集‧答問補遺》卷二）：「□疑先生好為人師何如？……」而（《王文貞公全集‧語錄下》卷三）卻未見這整段。吾人基於文本的合理性考量，一般學生問師不會直指老師的不好，另一方此乃最早版本。

〔註16〕 據吳震考江西學者章介庵用「好為人師」《孟子‧離婁上》一語批評王心齋師友論。參見吳震：《明代知識界講學活動系年：1522～1602》，上海：學林出版社，2004年，頁95。

次，他分兩部份說明：一是帝者師，由修身內在的基礎推擴到國和天下，由「出必為帝者師」本→「言必尊信吾尊身立本之學」法（仿效的義涵）→「足以起人君之敬信」師→「己立後自配得天地萬物」的模式傳遞，他強調由他的尊身立本之學。二是以世師，以修身立本之學傳世，他認為修身不僅是內聖還是外王，這也不失末。最後，王心齋評價出與處的意義價值，他似乎傾向於是「處」孔子的模式，這段可見於其〈語錄〉：

> 有以伊傅稱先生者先生曰：「伊傅之事我不能伊傅之學我不由。」門
> 人問曰：「何謂也？」曰：「伊傅得君可謂奇遇設其不遇則終身獨善
> 而已。孔子則不然也。」（《遺集・語錄》卷一）

從他對理與勢看伊傅，對於人評論不以伊傅自居，認為孔子不依於「遇」，有學者可能認為此隱含著王心齋自認為孔子，吾人以為他是重自「處」的自為性，即學不厭與教不倦，就不會有此弊端，特別提出兩方面的注重：一是教時如能有「智」，判辨：中人以上可以語上也；中人以下不可語上也。二是見自家不能，遷善改過；不抱道自高，以免怨天尤人，兩者既可內聖又可外王。可知他的立場是為帝師是要制衡與教化君王，於傳統君王教化天下是不同，而為萬世師是修身見世的不獨善其身的方式，即是內聖而外王（合內外之道）的模式。

另外，王心齋認為不育旨愚忠，我們可以從他對於事君的態度，其曰：「事君有三：君有可諷不可諷，君有可諫不可諫，君有可犯不可犯。匪石之貞，不可與幾。」（《遺集・語錄》卷一）在明代政治情勢下，他思辨傳統「忠」臣的看法，提出「忠」是需有所擇取，臣該伺樾而作。他所表述的「匪石」乃是出於《詩經・鄘風・柏舟》：「我心匪石，不可轉也。」在此義涵是「愚忠」。另外，王心齋的師道是據周敦頤《通書》的師道是立乎中的觀點，師道不僅是對帝王，針對社會是一種化成、導善的作用，和「與人為善」相連就是使人能群，正因師道是能「容」，其曰：

> 師道立，即善人多，善人多，則朝廷正，而天下治矣。（《遺集・答
> 太守任公》卷一）〔註17〕

〔註17〕有可見於（《遺集・安定書院講學另言》卷一）、（《遺集・答鄒東廓先生》卷二）王心齋的表述通常會出現對不同人或事，但見於相同文字表述，不只此句，還有許多思想多可相互印證，其思想的一致性可見，或許有人認為這是因其語錄為別人載記，但若是如此，更充份說明他的思想的一致。

容得天下人，然後能教得天下人。《易》曰：「包蒙吉。」(《遺集・
語錄》卷一)

容字的義涵，在《說文》作「盛」解，在《易・師》：「君子以容民蓄眾」
是寬容的意思，他表述容是針對惡，使惡自化。胡廬山〔註18〕對王心齋的師
友論是部份肯定，對於後學則以倡狂自大為評，其曰：

而今之學者，未少有得，則皆好為人師，至南面抗顏，號召後生，
倡狂鼓舞，自為大於一時。……予則以為聖人出為帝師，而未嘗不
師天下後世；處為天下後世師，亦未嘗不師帝。是故時潛時躍，時
見時飛，而未嘗有家舍。用舍行藏，莫不在天地萬物。(《衡廬精舍
藏稿・重刻王心齋遺錄序》卷十)

這指出兩人對於出處的歧異，胡廬山認為出處一源不分，或是出與處是
先後關係，最後仍是師帝；王心齋較其保留認為出與處是不同，是兩行：可
以尊信而出為政治，也可以修身處而為教育，待勢而擇，動樾不同所擇而也
不同。吳震先生認為是前者對後者否定〔註19〕，鄙人以為兩者之分歧乃對於
政的態度，可見胡廬山對「政」的要求是較王心齋有憧憬。

又據以百姓立場而論的《墨子・非儒下》對於儒家的觀察，一一審視王
心齋的社會與「百姓日用之道」。他對古代的禮制仍是肯定〔註20〕，當然有人
會提出就王心齋言職的內容還是一種文官，係其舉例是以孔子，但他也多言
舜。他對於事態度，第一序是以儒家的孝第為倫理的基本規範，而墨家則主
法天順天認為父母與師長和國君都不足以為法，而王心齋以師友為道。綜上，
王心齋更多的成份是為通達一個儒式社會的理想。從雅俗的意識型態論儒、
墨的分歧，王心齋似乎有意將儒之「雅」溝通墨之通「俗」。墨對於儒的批判，
最激烈的是親疏有等的問題，或許我們重新檢視儒、墨兩家的倫理觀的內容，
能溝通兩者間的誤解與對峙。

〔註18〕 胡直(1516～1585)，字正甫，號廬山，吉州泰和人；從學歐陽南野、羅洪先，
著有《衡齊》、《困學記》、《衡廬精舍藏稿》、《續稿》等。

〔註19〕 參見吳震：《明代知識界講學活動系年：1522～1602》，上海：學林出版社，
2004年，頁95。

〔註20〕 「孔子謂期月三年，孟子謂五年、七年之類，要知聖賢用世真實，步步有成算，
定應毫髮不差。」(《遺集・語錄》卷一)、「將上堂，聲必揚，仁之用。故曰：
經禮三百，曲禮三千，無一事非仁。」(《遺集・語錄》卷一)、「齋明盛服，非
禮不動，一時具在，便是立志用功。」(《王文貞公全集・語錄》卷二)

三、道尊身尊

　　王心齋的社會圖像，除了對政治、教育、經濟、社會提出方策外，還提出對社會根本的要素，他主張以仁所開展「尊身愛人」的德行倫理。第三章從個體為主，述以正己的安身論為基礎，在這要更往上一層透析他的社會倫理的觀點。所謂的德行倫理，是以「我應當成為什麼樣的人？」為出發，追求品德的優越，如榮譽、勇敢等，儒家傳統即是如此設定，在《孟子·離婁下》：「君子所以異於人者，以其存心也。君子以仁存心，以禮存心，仁者愛人，有禮者敬人。愛人者，人恆愛之；敬人者，人恆敬之。」王心齋的本末論是主張「內不失己，外不失人」，乃是以「自尊」的理論根基。

　　所謂的「內不失己」這是較多研究者所質疑。如〈明哲保身論〉近人研究多據此論王心齋是功利主義者，因其論保身、愛身，這點在道德理想主義者的視域內，無疑是將道德淪喪至無以復加的境地，故即判定王心齋非道德理想主義，而是傾向於功利主義。從〈再與徐子直〉的信函內容可以明白王心齋是據《中庸》：「君子居上不驕，為下不倍。國有道，其言足以興，國無道，其默足以容。既明且哲，以保其身。」而王心齋則填入良知觀說明：「明哲者，良知也。明哲保身者，良知良能也。」（《遺集·明哲保身論》卷一）原始儒家的道德行為的活動，即是在於對象的狀態中相互界定，不是異化後的綱常倫理，只要求下位者遵循，孟子的守身與《中庸》保身，都是呈顯存在主體，將身作為天地萬物之本末，知道「身」為源由，才能彰顯德而親近於民。基此，他點明前人沒有發現明德親民之學後，忽略了安身，所以，無法達到至善。

　　這所涉言的身，是代表人的個體存在，即是突顯人個體存在的本體。他把人自身存在的認同與保護同一而論，相對之是身（自我）之外的對象，如他人、家、國、天下、天地萬物。這也間接肯定和揭示著自我之以外的對象，是擁有更基本的價值性，不僅自我還包括與每一個相際的對象，這種相際性是有進程性，先自我瞭解後而知道愛與敬的道德情操，再將已知的道德情操實現於另一層的關係，他先以正論，其曰：

> 知保身者，則必愛身如寶；能愛身，則不敢不愛人；能愛人，則人必愛我；人愛我，則吾身保矣。……能愛身者，則必敬身如寶；能敬身，則不敢不敬人；能敬人，則人必敬我；人敬我，則吾身保矣……。一家愛我，則吾身保，吾身保，然後能保一家矣，以之治

國則能愛;一國矣能愛一國,則一國必愛我矣,一國者愛我,則吾
身保矣,吾身保,然後能保一國矣;天下愛我,則吾身保,吾身保,
然後能保天下。(《遺集‧明哲保身論》卷一)

我們由他的表述「則必」、「則不敢不」此強烈暗示應然的要求。保身→
愛身→愛人→愛我→保身是一種環狀循環關係,把人己的關係看成環狀的預
設是性善與止於至善,在本質起點與心願終點都是立基於共同的善,再一層
一層的推行。他的理論如果在起點一開始就有問題,如「保身」的訴求難道
不會導向利己主義、個人主義、自由主義之嫌?或者我們僅以理論模式,就
評判他是墨家的心態,對王心齋亦有失公允,於此,我們必須檢視他的保身
是否還有其他的限制條件,其云:

如保身而不知愛人,必至於適己自便,利己害人,人將報我,則吾
身不能保矣。吾身不能保,又何以保天下國家哉!此自私之輩不知
本末一貫者,若夫知愛人,而不知愛身,必至於烹身割股,捨生殺
身,則吾身不能保矣。吾身不能保,又何以保君父哉!(《遺集‧明
哲保身論》卷一)

他表述反論還是一個環狀的關係:保身(適己自便)→利己害人→身不
保,王心齋明白人有自私的意識,所以,提出反論說明這意識的效果。至此,
我們看到王心齋既反對損人利己的方式,但卻也反對捨身殺身。在其本末論
的架構下,自私是被排除於本末之外,所以不能保身與守身。顯而易見,他
的保身論不是以利己害人為前提,是前所述的「與人為善」。但王心齋的觀點
無庸置疑的,也同時顛覆孟子的捨身取義的觀點,不禁要接著問他,當面臨
道德抉擇時,保身與殺身是依從什麼原則而行動?儒家的成仁取義明確、客
觀的「義」是殺身的先決條件,而王心齋的保身的先決條件,是以不夠明確、
主觀的而高層次的道德情感,愛、敬是一種綜合、多重性的道德情感成份,
是否足以構成保障道德行為的應然性呢?須在臨事上的行動才能體證,可見
他的理論在表述上雖是強式要求,但其條件是不明確與主觀性較強的道德情
感模式,以個體原則推引出仁道原則,我們會懷疑其道德的堅守與持續的可
能性,當道德意識是與個體生存緊密相連時,也容易使得強調心的主體性產
生空疏性。個體生存關連著人的身心,又或許我們可以透過他的身與心的意
義上,看出他判擇價值的基礎,其曰:

有疑安身之說者,曰:「夷、齊雖不安其身,然而安其心矣。」曰:

「安其身而安其心者，上也；不安其身而安其心者次之；不安其身
又不安其心，斯為下矣。(《遺集‧語錄》卷一)

危其身於天地萬物者，謂之失本；潔其身於天地萬物者，為之遺末。
(《遺集‧語錄》卷一)

有心於輕功名富貴者，其流弊至於無父無君；有心於重功名富貴者，
其流弊至於弒父弒君。(《遺集‧語錄》卷一)

　　問者肯定身不安而心安的價值，而王心齋卻是以分析以知全體〔註21〕的
思維方式答應，他以層次方式說明不同：第一種是身、心皆安（合一），第二
種是身不安而心安（分離），第三種是不安身也不安心，這缺心不安而身安
者論述，可知他認為沒有此種的身心關係。上層是兼兩，中層是不安身而安
心，下層是兩者皆拋，上層是相應於本末論，第二義：中、下層雖不符論其
論，但還可見其是以安心重於安身，可見其仍是傾向於道德精神的成全，這
是無違成仁取義的儒家路線，而是在他的本末論下以弱化的型態出現，因為
宋明理學長期以來強式的道德訴求下，他欲將這樣的思維回歸於中的位置。
在本末論重點是趨「中」，即是不失本不遺末。他認為不曉得「安身」，是不知
道自己尊重自己，這樣不僅失身，而且失人。同時這顯現出個體原則常處於
身、心的鐘擺的關係之中，而個體與群體的關係亦是如此情境。

　　「自尊」是在敬與愛的道德情感的上層。尊身為本，無疑是意謂王心齋
偏重於個體感知的原則，而不以群體的理性為原則，這表現在他不主張「捨
身取義」、「殺生成仁」的意向。如此讓人不禁會懷疑王心齋是否只主個體性
而反對群體？關於群體的線索可於他的師友論中發現，他在〈勉仁方〉主張
師友以仁與信之道，以至相親相愛，在〈與南都諸友〉主要論孝弟與親親而
仁民，是其仁民愛物的可能論據，他又主張師友以仁與信之道，以至相親相
愛。於此，我們能瞭解他的群體關係是以相親相愛維繫其中和諧，還是以傳
統的仁道原則：「親親、尊尊、賢賢」的本，是原始儒家所依據的倫理觀。王
心齋所提出的「大成仁學」，是以「自尊」為理論最重要的底基，因其理論是
賴於徐樾傳其學說〔註22〕，是經過去蕪存菁下淘選而出，這是王心齋晚年所

〔註21〕 其曰：「論道理若只見得一邊，雖不可不謂之道，然非全體也。譬之一樹，有
　　　　見根未見枝葉者，有見枝葉為見花實者，以見枝葉花實卻為見根者，須見得
　　　　一株全樹始得。」(《遺集‧語錄》卷一)
〔註22〕 從王心齋寄徐樾的信函中可見 (《遺集‧詩文雜著‧又與徐子直》卷二)：「殊
　　　　不知我心久欲授吾子直大成之學，更切切也。但此學將絕二千年，不得吾子

提出，因此，我們更不能忽略這觀點，其云：

> 先生謂徐子直曰：「何謂至善？」對曰：「至善即性善。」（王心齋）
> 曰：「性即道乎？」（子直）曰：「然。」（王心齋）曰：「道與身孰尊？
> 身與道何異？」（子直）曰：「一也？」（王心齋）曰：「今子之身能
> 尊乎？否歟？」子直避席請問曰：「何哉？夫子之所謂尊身也？」先
> 生曰：「身與道原是一件。聖人以道濟天下是至尊者道也。人能宏道
> 是至尊者身也。尊身不尊道不謂之尊身；尊道不尊身不謂之尊道。
> 須道尊身尊才是至善。故曰：天下有道以道殉身；天下無道以身殉
> 道。必不以道殉乎人。使有王者作必來取法致敬盡禮學焉而後臣之
> 然後言聽計從不勞而王。如或不可則去。仕止久速精義入神見幾而
> 作不俟終日避世避地避言避色如神龍變化莫之能測。易曰：匪我求
> 童蒙童蒙求我。又曰：君子之守修其身而天下平。若以道從人妾婦
> 之道也。己不能尊信又豈能使彼尊信哉？及君有過卻從而諫或不聽
> 便至於辱且危故孔子曰：清斯濯纓濁斯濯足。自取之也。」子直拜
> 而謝曰：「樾甚慚於夫子之教。」（《遺集語錄》卷一）
>
> 或問節義。先生曰：「危邦不入亂邦不居道尊而身不辱其知幾乎！」
> 曰：「然則孔孟何以言成仁取義？曰：應變之權固有之非教人家法
> 也。」（《遺集‧語錄》卷一）

他將性與道置換為身與道的邏輯，而人是道的載體，他由不同角度界定，聖人以道為第一序，而人則是以身為第一序，又將身與道相互界定，而最高的價值是道尊身尊。王心齋首先以「聖人」為喻，是表顯出他所取是上層價值論，不是君子或大人。道是第一序，但人能宏道，人是道的載體，推到本源身是道的根源，在其本末論的思維中，尊身尊道就同一於善理論的確立。其次，面對勢時而要選擇和分別，而是「不以道從人」原則為主，他以此說明其實行與效力、自然作用而形成。再者，強調個體尊信的重要性。其中，也同時讓嚴格義的道德理想主義者所感到非議之處，乃是待勢而作的態度太過於滑轉，否則其認為個體尊信、以道為從、自作主宰等說，都是不偏離心學的德行理論。

直面會口授，未可以筆舌……幸得陽冬一會，子直聞我至尊者道，至尊者身，
然後與道合一，隨時即欲解官，善道於此可見。」另又從泰州之學的流傳上
看，徐樾是傳遞泰州之學的主線之一。

　　「大成仁學」尊的理論，還須加智（知幾）與「勢」的共構作用，一方面使「尊」理論的運用在道德主體上更靈活，但也會造成如果尊道與尊身的互混時的流蕩與脫序。王心齋主張理論是道尊身不辱，具體實踐是顏鈞，此乃孔孟的成仁取義的應用。如果表層或片面看，不深入理解可能會混淆或倒置兩者，如對於顏鈞的弟子何心隱。當我們以「尊」作為先導時，還須有正確的對象與相應的原則，知道「賢」是對應於「義」，否則還是流於不知「尊」：

> 光武召子陵與共榻，伸私情也，非尊賢之道也。子陵不能辭，而直
> 與共榻，失貴貴之義。賢者亦不如此自處。故加足帝腹，子陵之過，
> 狂奴之辱，光武之失。（《遺集・語錄》卷一）

　　尊賢之道是與義相互共構：一方如果是投出私情，一方則辭，反之，如是出於公，一方則就；這型式即是義，而其內容是完成其舉例子是以上古聖王：光武尊賢與子陵貴義的事例，作為其理論的依憑。

　　「內不失己，外不失人」如何顯現？不僅與道德意識的檢別（義、利）有關，還與深層的心理作用後，自我、本我整合後的超我所表現出的整體氣象有關。王心齋對於「人人君子」的社會所重視是「尊」的理論，其所發展出的人格典型是一種折中的範式，他舉列三種不同的型態：一是隘，二是不恭，三是處恭待恕，其謂：

> 伯夷之清，齊莊中正有之矣，然而望望然去，不能容人而教之，此
> 其隘也。柳下惠之和，寬裕溫柔有之矣，然而袒裼裸裎於我側，
> 此其不恭也。君子正其衣冠，尊其瞻視，儼然人望而畏之，又從而
> 引導之，其處己也恭，其待物也恕，不失己不失人，故曰：「隘與不
> 恭，君子不由也。」（《遺集・語錄》卷一）

　　他認為在「不能容人而教」是過於突顯個體，而不能寬容，使人變得狹隘，而「袒裼裸裎於我」這樣的方式是過寬和而失去個體性，是不能與己共處，他取其「中」道原則，以「處恭待恕」為「尊」，這原則也隱含著內聖而外王的意識：君子以自身的言行的影響性，可引導他人。可見王心齋所論的「尊」是以不卑不亢的態度，即是一種超我意識所產生的個體。至此，或許仍對王心齋外層關係以師友論的架構，仍存有疑問。又可發現王心齋對相應的情況有所澄清和提出總則：

> 大德不逾閑，守經之謂也。小德出入，行權以正其經也。（《遺集・
> 語錄》卷一）

愛人直到人亦愛，敬人直到人亦敬，信人直到人亦信，方是學無止
法。(《遺集‧語錄》卷一)

在這裡我們發現，大處是守住經常，換言之是把握重要和常道的規律，
小處是指日常生活在運用權時是以經為準正，他闡明的內容仍然是以一種相
濟性的思維，說明德性與實踐的原則，他強調是學無止法，也不斷的從愛、
敬、信人中學習，這類作為的影響是直到對象也獲得愛、敬、信時。基於此，
我們可以推論王心齋「尊」的理論，是德行倫理型態，但又在相濟、持續的過
程中構成道德主體的德性圓滿。

第二節　王心齋的師友社群

在《明儒學案》與王心齋的〈年譜〉中，我們發現在中晚明時，王門弟
子和一般士人透過書院與講學的方式，使人際的往來相當密切，形構成中
晚明的師友為學的社群。師友社群的思維其實蘊藏在明末清初學者的心中，
從他們的著作以學案或宗傳的意指，顯現出社群倫理〔註 23〕。在當代研究
呂妙芬《陽明學士人社群——歷史、思想與實踐》的第一部份以社會史的視
角，處理陽明學派和講學活動的歷史，對於明代士人社群的結構性與陽明
學術社群的關係有宏觀性的說明。另外，還有日本學者今關壽口《宋元明清
儒學年表》以年代為經，以宋明理學重要學者的誕生、著作刻印及重大活動
為緯，以宏觀的角度說明師友的活動，但只有事述，略為簡約。除此，又有
吳震《明代知識界講學活動》針對 1522～1602 繁年的講學現象的整理，按
年與事件呈顯當時士大夫的精神活動。以上學者的研究，都展示出中晚明
的學術活動。而本論題是聚焦於微觀王心齋的學習社群的構成，和其弟子
各別的思想內容，換言之，是就王心齋為中心展開和形成，中晚明儒學在泰
州學群的交游行為的探討，試圖以哈伯瑪斯「交往行為理論」(Moral
Consciousness and Communicative Action) 中的交往行為的模式，說明士人
學群的往來互動，所展顯的一種社會重構的運動。〔註 24〕這部份將拉出兩

〔註23〕如《諸儒學案》、《聖學宗傳》、《王門宗旨》、《浙學宗傳》、《理學宗傳》等，
　　　又或是陳鼎《東林列傳》、萬斯同《儒林宗派》。

〔註24〕以史實為重，內部觀察是以各個思想家的資料為主，相互考核，外部觀察則
　　　如《明儒學案》或《明史》，如內外相符則可知道事實。此將借助吳震先生的
　　　整理成果，羅列與之相關思想與事件，再由事件觀察其互動關係，此一方面

個向度：一是橫向講學的助援，以王心齋與相交游的學術師友，作為整個中晚明社會的活絡與思想的交流的縮影，二是縱向泰州學派的形成，以王心齋為始，下至第五傳的師友的關係，與核心精神、思想的流衍與王心齋是否相應或高揚各別學說。

一、橫向：講學的助援

（一）私人學術團體的形成

本節的標題是以社會的「重構」表述王心齋的當時，而按〈王心齋年譜〉的表述，他參與這重構的運動〔註25〕。「團體」是由不同身份的人因各別之職所而組成，為其有共同目的的組織，所面對是外在真實性的「客觀世界」，士人是知識份子也是一種團體，但此團體對於共同目的有所分歧：一是提倡聖學，一是主專致舉業以謀求仕進〔註26〕致於俗學，王心齋觀察當時士人的想法是：「今人只為自幼便將功利誘壞心術，所以夾帶病根終身，無出頭處。」（《遺集・語錄》卷一）面對這功利取向為主的情況，他以醫者的角度提出陷入這種問題的根本原因和一輩子無法脫身。這問題在與王心齋並稱為二王的王畿眼中，也說當時學術之弊「惟在俗耳」〔註27〕。於是，王心齋提出社會整體性改進的建議是：「道德仁義之教」為先，同時身為王學門人的聶豹（1487～1563），從政體任官體制上主張以道德取士。如果從官學與私學的關係上論述其主張，當時講會即是士人所舉辦的社學，也即是私學，多是主以恢復聖學，批評俗學的缺漏；相對的官學，則以主張教育與舉才一致，才可統一管理的立場，自然不容見私學的反對意見。尤其，私學發自民間團體，招聚門徒、定期講會，所持是以挑戰官方意識型態的學群，自是政治權威的眼中釘或是政權的威脅。中晚明士人以講學與講會的型式，試圖達到重新構建社會

可立體的看出彼此的交游，又一方面能切入所關注的議題。

〔註25〕當時各階層的流動雖然是相當頻繁，但仍形成廣義的小群體，可見相關研究：余英時，《中國近世宗教倫理與商人精神》，台北：聯經出版事業公司，1987；余英時，《士商互動與儒學轉向－明清社會與思想史之一面向》，郝延平、魏秀梅編《近世中國之傳統與蛻變》，台北：中央研究院近代史研究所，1998。王心齋亦是由商為士，後對於王陽明建設書院、管理書院的運作能有所助益之處。

〔註26〕在王陽明與湛若水以提倡聖學的眼中，被貶斥為「俗學」，以科舉為志的效益導向，深受官方意識型態的影響。

〔註27〕（《龍溪王先生全集》卷一）。

的途徑，即是一個以學為主的社會，將人的關係納為師友的關係，不同於以
「強」制弱的政治權威。

何謂講會？是以講學為內容的聚會。即是透過一個社會共同體的成員以
共同價值為取向的行為，它與一個社會群體或「社會世界」相關聯，因此涉
及「正當性」有效性要求。相對於官方立場，私人講會是不具有正當性；但就
私學而言，自我認同是在正當性的意識型態下形成，正如楊布生和彭定國對
於講會的研究分為三類：學術傳授的講會、講會式的講學、宣傳教化式的講
學。〔註28〕他們在書院中有日常的講學，學友間不定期的相晤與交流，乃至
教化地方大眾等的活動。據錢德洪的觀察，王陽明的講學大盛是於嘉靖二年，
聚集最多門人，後以「會約」〔註29〕具體規定，會講與朋友間應如何相處，
而王心齋與陽明師徒關係的建立，是尚未大興講學的時候拜王陽明為師。他
的師友社群的開展是透過追隨王陽明的學習，而形成他的學群的關係。王心
齋一方面是以陽明學派為師友，另外，還是與甘泉學派、河東學派有交游。
從哈伯瑪斯的理論說，它是一種行為者在公眾面前進行表演的行為，它與一
個「主觀世界」相關聯，因而提出「真誠性」有效性要求，於是師友關係在講
會中建立，他們的真誠性都是以學術的真理為追求，不在局於官方的社會世
界，而試圖以一種主體之間通過符號、語言和對話達到人與人之間相互理解
的行為，並對以學群共同的使命與責任為基礎，而透過彼此的交游行為構作
其意義的世界。王心齋和王龍溪時，即主張「不可一日無友」（《王龍溪全集·
洪緒山心會約》卷二）以學為宗旨，不竊以身份為顧慮，彼此平等對話，如王
陽明與王心齋兩人的互動中，可見他們時有激辯與意見的相左表現。又從，
黃宗羲描繪當時講會的盛況，其曰：

> 南中之名王氏學者，陽明在時，王心齋、黃五岳、朱得之、戚南玄、
> 周道通、馮南江，其著也。陽明歿後，緒山、龍溪所在講學，於是
> 涇縣有水西會，寧國有同善會，江陰有君山會，貴池有光岳會，太
> 平有九龍會，廣德有復初會，江北有南譙精舍，新安有程氏世廟會，
> 泰州復有心齋講堂，幾乎比戶可封矣。而又東廓、南野、善山先後

〔註28〕楊布生、彭定國，《中國書院與傳統文化》，長沙：湖南教育出版社，1992，
　　　　頁84。
〔註29〕《王陽明全集·書中天閣勉諸生》卷八，以一個月四次會講（朔、望、初八、
　　　　二十三）。

官留都，興起者甚眾。(《明儒學案·南中王門學案一·前言》卷)
從黃宗羲的表述中可看到，講會的型式的改變和陽明學的影響地域。陽明生時門人以其為主，門人都齊聚在南中講學，眾門人輪流主講，這些學者相當有名；陽明之後，王學門人講學只有東廓、南野、善山三人為官留都，其他弟子分散於各自所居之地，共在九地辦講會，因為門人分散各地，也就形成各地的講會因著主講者的不同，所理解陽明或思想也就分殊，而主講者同時是陽明學的傳遞者，為傳播身心的學問而設講會，講會的傳播性也使陽明學的影響層面擴大。王心齋在泰州也開始設立講會，其為該講堂的主講，講會即是直接營造出師友的環境。

(二) 王心齋的師友交游

王心齋學說的形成，也因著學侶們的往來中相激盪而完成。王心齋的師友關係，可以概略分為：同門與非同門。王心齋三十八歲開始參與陽明學群，經歷與陽明籌建書院與講學，如山陰縣的陽明書院及稽山書院〔註30〕，歷於會稽、京師、廣德、孝豐、金陵、京口等地。第二章已論述王陽明與王心齋的交游，他思想因而有所增益與修正。陽明時即開始收徒自立學說，這是屬於狹義的師徒〔註31〕之間往來行為。這部份是對於廣義的師友之間的往來而論，所謂廣義則是不拘於形式而對其學思有所增益或影響。近人研究有就思想內容、政治立場、主張、學術特色等眾多不同意見，吾人暫不採，第一層乃依黃宗羲的歸類為據，因其更貼近於當時的思想交流：

1. 非同門：甘泉與河東、其他諸友

據李二曲《觀感錄》稱：「時大儒太宰湛公甘泉、祭酒呂公涇野、宗伯鄒公東廓、歐公南野咸嚴重先生，而羅殿元洪先尤數造其廬」，又據耿天台的傳述稱，嘗舉《魯論就正》語悟呂仲木，發《大學》止至善旨於鄒謙之，晚年作《大成學歌》贈羅達夫，又作《勉仁方》勵同志。

〔註30〕陽明在寄錢德洪與王汝中的信函中，曾稱兩者為紹興書院，又稱稽山書院為臥龍之會(即臥龍會)，龍山之講(龍山會)即是餘姚的龍泉寺中天閣會。參見吳震：《明代知識界講學活動系年：1522～1602)，上海：學林出版社，2004年，頁38。

〔註31〕經過拜師行為，雙方均肯認的對方相互的身份。在《明儒學案》的學派分類下，未顧及此，因此引起後來研究者對於思想家的學派歸屬上的爭議，且若能有廣狹義之區分，則較能更清楚地說明思想家與學派間的關係，與其交游行為也就更加清楚的呈顯。

（1）甘泉與河東

呂柟，字仲木，號涇野，陝西高陵人，長王心齋六歲，「衍河東之傳，講席與陽明中分」，按《明儒學案》對於其的記述，他三度出為官職，因其理念與劉瑾不同，上疏武宗不聽，二度引去，也曾因仰旨下詔入獄，與鄒東廓同獄講學不綴。師事薛敬之，在家居曾經築東郭別墅作為講會學者之處，又因不能容納，而建東林書屋，又在解州建解梁書院，在南都曾與湛甘泉、鄒東廓共主講席，與湛甘泉往來講學。呂柟於王心齋四十五歲（嘉靖六年）時，共同在金陵（南京）新泉書院聚講，他的學術立場依黃宗羲的觀點是「格物為窮理，及先知而後行，皆是儒生所習聞」，是以朱學為宗，他所謂的窮理是「只在語默作止處驗之」，對於陽明的學術有所微詞。據耿天台對於兩人的觀察，可見王心齋對於「學」的立場是受呂柟的影響，在《呂涇野語錄》中提出致良知是一種學的方法，但沒有誠敬還有另一途徑：「如夫子魯論之首，便只曰『學而時習』，言學，則皆在其中矣。」〔註32〕。據劉宗周對其學術的評介是與關學有淵源，以躬行禮教為本，並且針對當時陽明講良知時，本以重躬行，學者多誤，呂柟尚行救正，其言：「一時篤行自好之士，多出先生之門。」王心齋亦對於良知強調是行。

湛若水，字元明，號甘泉，廣東增城人，長王心齋十四歲，從學於陳獻章，弘治十八年進士，正德初年在京與陽明相識，相與講學，結為至交，為主張「隨處體認天理」，與陽明之學不同。湛若水於王心齋四十五歲（嘉靖六年）時，共同在金陵（南京）新泉書院聚講，王心齋因而瞭解其學說，作〈天理良知說〉回覆甘泉書院的學友，試圖兼綜兩者之說。按《明儒學案》：「其間為之調者，謂天理即良知也，體認即致也，何異何同？然先生論格物，條陽明之說四不可。」〔註33〕王心齋即是黃宗羲所言的調停者，這裡將天理是以天然自有之理，不同於陽明的天理的內容，但於〈王道論〉言天理又以陽明的天理內容，這兩篇的出入在於王心齋援引湛若水的主張入良知學，使他的良知是傾向於見在與日用，轉向於自然人性為論，所以不同於王陽明，也因之影響後來儒學心性論的趨向。以下按《年譜》所載記之學人，論其與王心齋的往來。

〔註32〕黃宗羲：《黃宗羲全集・明儒學案》第七冊，南京：浙江古籍出版社，2002年，頁 156。

〔註33〕黃宗羲：《黃宗羲全集・明儒學案》第八冊，南京：浙江古籍出版社，2002年，頁 140。

洪垣，字竣之，號覺山，安徽婺源人。嘉靖壬辰進士，以永康知縣入為御史。按《明儒學案》歸為甘泉學派，調停王與湛二家之學。洪覺山在嘉靖十五訪安豐，與王心齋論簡易之道，在《王心齋年譜》中記錄兩人的論學，洪垣後請王心齋訂鄉約，執此治鄉風俗為之改變，為王心齋建東陶精舍，以居來學。後董高、朱錫等人來學，王心齋因在學諸友氣未相下，作《勉仁方》給在學之員。王心齋於此實行他的外王。

（2）其他諸人

嘉靖七年與同門諸友會講於會稽書院，王心齋講「百姓日用之學」。嘉靖十三年林東莆、沈石山訪王心齋於泰州，與王卓峰同遊金山。林大欽，字敬夫，號東莆，廣東海陽人。嘉靖十一年進士第一。時與王龍溪、羅念庵過從論學，自稱與王龍溪乃生死之交，是年林東莆由京返鄉途中，擬經揚州，順道泰州，拜訪心齋。王心齋還與一些官員有信函往來，但未出現於〈年譜〉，如〈太守任公〉、〈答黎樂溪大尹〉（原注：如皋縣大尹，名堯勛，西蜀人）、〈答徐鳳岡節推〉、〈答侍御張蘆岡先生〉討論良知之學。

王心齋對於師的觀念是相當寬廣，這也是為什麼他不同錢德洪的紹述陽明的良知學，在自身的思辨與學習為他注入不同的元素，可於他與門人的討論獲悉：「有別先生者，以遠師教為言。先生曰：途之人皆明師也，得深省。」（《遺集・語錄》卷一）有研究者多據此申其不重近師陽明，但如觀王心齋師事陽明的行誼，就不能如此論，王心齋所持的師友觀，是包含廣義與狹義，一方面是中晚明的學潮有關，另一方面與王心齋能藉陽明的關係，相結其友開拓他的視域。綜上，遠師對於王心齋的影響，也是王心齋觸動他能自立泰州之學的原因之一。

2. 同門：浙中江右、粵閩、學人

（1）浙中門人

王畿，字汝中，別號龍溪，浙江山陰人，幼於王心齋十三歲。按《明儒學案》歸其於浙中學派。陽明倡導「致良知」其郡裡之士都不信，他首率受業。嘉靖十一年進士，曾與錢德洪一同參加會試，因當時國者不說學，所以不廷試而歸。與王心齋並稱二王，在《明史》中與王心齋合傳，稱王心齋的門徒之盛與王畿相垺，曰：「益務講學，足跡遍東南，吳、楚、閩、越皆有講舍，年八十餘不肯已。善談說，能動人，所至聽者雲集。每講，雜以禪機，亦不自諱也。」（《明史・列傳171・儒林二》卷二百八十三）評介兩人得陽明學派之宗

傳〔註34〕，或又據劉宗周對其學術的評介是「至龍溪直把良知作佛性看，懸空期個悟，終成玩弄光景，雖謂之操戈入室可也。」〔註35〕王心齋嘉靖十五年與王龍溪會於金山論學，兩人有書信之往來，王心齋在給林子仁的書函中提及龍溪切磋使其學思更加明白。在〈王心齋年譜〉中記載，嘉靖十五年與王龍溪會晤南京，王心齋與同門游靈谷寺，列坐歌詠，王心齋以羲皇、三代、五伯為喻當時之遊，抒發與友同游與心映自然的感受。也曾與薛中離講學於杭州天真書院，而薛中離與王心齋有書信的往來。

錢德洪，字洪甫，號緒山，浙江餘姚人。他是於陽明歸越時與同邑等人於中天閣入陽明之門，在《明儒學案》記述其一時稱為教授師，歸其於浙中學派。嘉靖壬辰成進士，累官刑部郎中。因坐論郭勛死，下獄後斥為民，無日不講學，在多處都有講舍。他與龍溪親陽明最久，兩人都以見在知覺為論，黃宗羲兩人相較而論，認為錢德洪雖徹悟不如，但在修持上卻是過於龍溪，他評論其是「把纜放船，雖無大得，亦無大失耳」。王心齋與錢德洪雖未有聚會但有信函往來，如《奉緒山先生》中討論良知學，並且陽明當時見王心齋之子王襞，還託其於錢德洪的門下。

綜上，據黃宗羲的分類，我們有王心齋與浙中學的交游圖像，並且有他們討論的課題。於後對泰州學派的形成論述，將一並討論與浙中學的交游關係與學術問題。

（2）江右門人

鄒守益〔註36〕，字謙之，號東廓，江西安福人，幼於王心齋六歲。於嘉靖二年拜入陽明門下，按《明儒學案》歸其於江右學派。在孫奇逢《理學宗傳》的評判：「闡發師門宗旨深切者明。」而劉宗周批評鄧文潔（字汝德，號

〔註34〕彭國翔以為《明史》乃宗朱學之立場，但又據黃宗羲也言：「雖云真性流行，自見天則，而於儒者矩獲，為免有出入矣。」以此反駁龍溪之評介是不夠充份。

〔註35〕黃宗羲：《黃宗羲全集・明儒學案・師說》第七冊，南京：浙江古籍出版社，2002年，頁16。

〔註36〕在《明儒學案》中：「陽明講道於越，先生執贄為弟子。時四方從學者眾，每晨班坐，次第請疑，問至即答，無不圓中。先生一日徹領，汗浹重襟，謂門人咸隆頌陟聖，而不知公方盧理過，恆視坎途；門人擬滯度跡，而不知公隨新酬應，了無定景。作《會稽問道錄》十卷。東廓、南野、心齋、龍溪，皆相視而莫逆也。」（《南中王門學案一・孝廉黃五岳先生省曾》卷二十五）黃宗羲指出黃五岳也是與王心齋莫逆，但於《遺集》中未載。

定宇，南昌新建人，江右學派）的看法，認為若稱陽明為聖學的論據不僅是羅洪先，還遺漏鄒守益，「先生之教，卒賴以不敝，可謂有功師門矣」〔註37〕。他因上疏議大禮〔註38〕別而下獄，謫判廣德，嘉靖二年於廣德建復初書院，王門弟子常在此舉行講會，又稱復初會，王心齋受邀主講，而作〈復初說〉，又於王心齋四十五歲（嘉靖六年）時，共同在金陵（南京）新泉書院聚講，於嘉靖九年（1530）與王心齋、萬鹿園〔註39〕、歐陽德聚會於南京雞鳴寺。在〈答鄒東廓先生〉一函中，表述著王心齋曾致函給鄒守益祝賀其入輔東宮是宗稷百姓之福，並於其中闡明：「是故堯舜孔曾相傳授受者，此學（良知學）而已。學既明，而天下有不治者哉？故《通書》曰：『曷為天下善？曰師。師者，立乎中，善乎同類者也。』故師道立則善人多，善人多則朝廷正而天下治矣。非天下之至善，其孰能與于此？雖然，學者之患，在好為人師。故孔子曰：『我學不厭而教不倦。』則無斯患矣。」（《遺集·語錄》卷一）可見王心齋認為其理論不必一定在我，而將理念傳達居於官位的同門、弟子，能證驗其理論。嘉靖十三年建復古書院，並舉辦惜陰會、四鄉會、青原大會〔註40〕王心齋還作詩寄給其：「東海灘頭老坎高，俯觀海內往來潮。有能善立潮頭舞，不用葫蘆非正操。」王心齋過世時，鄒守益與王龍溪率同志為位，哭於金陵。

歐陽德，字崇一，號南野，江西泰和人，幼於王心齋十一歲。正德十一年中舉即拜入陽明門下，按《明儒學案》歸其於江右學派。嘉靖二年進士，官至禮部尚書。在《明儒學案》載記在京師靈濟官之會，其學徒雲集至千人。

〔註37〕黃宗羲：《黃宗羲全集·明儒學案·師說》第七冊，南京：浙江古籍出版社，2002年，頁16。

〔註38〕大禮議是指嘉靖世宗應當如何確定「皇考」的祭祀問題，後來演變成為嘉靖初年一場政治大爭論。參見吳震：《明代知識界講學活動系年：1522～1602》，上海：學林出版社，2004年，頁12。

〔註39〕萬鹿園（1498～1556）名表，字望民，號鹿園，晚年自號九沙山人，浙江鄞縣人。王心齋曾作一首詩〈和萬鹿園〉：「人生貴知學，習之惟時時。天命是人心，萬古不易茲。鳶魚昭上下，聖聖本乎斯。安焉率此性，無為亦無思。我師誨吾儕：曰性即良知。宋代有真儒，通書或問之：曷為天下善？曰惟性者師。」與王龍溪、羅念庵、唐荊州相友善，有經濟之志，學染佛老，是清初史學家萬斯同、萬斯大之先祖。王龍溪作〈鹿園萬公行狀〉（《龍溪王先生全集》卷二十）

〔註40〕於嘉靖五年劉師泉創建惜陰會，初限於江西安福，後發展衍為四鄉會，因每年春秋兩次於青原山。據陳來觀點，青原會規模較大，而惜陰會是王門弟子在江西舉行講會活動的總名。參見陳來，〈明嘉靖時期王學知識人的會講活動〉，《中國近世思想史研究》，北京：商務印書館，2003年，頁347。

《明史》對其學術以「學務實踐，不尚空虛」。王心齋與其書信中看到兩人與
王龍溪為保住陽明之子的努力，歐陽南野曾至越商救，信函中表露可為保孤
一死，書中可見兩人是以道義相契。於王心齋四十五歲（嘉靖六年）時，共同
在金陵（南京）新泉書院聚講，嘉靖九年（1530）與王心齋聚會於南京雞鳴
寺。嘉靖十二年歐陽南野與王心齋金陵討論致良知。在《楓潭集鈔·行狀》與
《呂涇野先生文集·贈歐陽南也考績序》記載嘉靖十四年萬楓潭〔註41〕在南
京從學於歐陽南野，會王心齋、王龍溪共同論學。嘉靖十八年張玉屏〔註42〕
赴南京，從學歐陽南野，復游泰州，稟學王心齋，他對兩人之學有此看法：
「心齋之學與文莊公同出，而指發者梢異，公兩契焉」（《衡廬精舍藏稿·水
部尚書郎張玉屏先生壽藏銘》卷二十六）

　　羅洪先，字達夫，號念庵，吉水人，幼於王心齋十九歲，曾拜入李谷平
門下。嘉靖八年舉進士第一，據劉宗周對其學術的評介是：「王先生之後不可
無先生」〔註43〕。嘉靖十八年（1539）在赴京途中與王龍溪相會於南京，遊
揚州、造訪王心齋，與戚南山、王鯉湖、歐石江、歐橫溪、吳疏山〔註44〕、
徐波石、林東城等聚會講學，達兩月餘，其撰〈冬遊記〉。王心齋晚年多病於
榻上，羅念庵講述近時己之悔事，而求請益，王心齋告知其要論立大本處，
隔日又與其論「仁之于父子」。後遂作《大成歌》以贈念庵，〈寄羅念庵〉：「十
年之前君病時，扶危相見為相知。十年之後我亦病，君期枉顧亦如之。始終
感應如一日，與人為善誰同之？堯舜之為乃如此，夔夔詢及復奚疑？我將大
成學印證，隨言隨悟隨時躋。只此心中便是聖，說此與人便是師。」其兩人相

〔註41〕萬楓潭（1505～1588）名虞愷，字懋卿，南昌人。嘉靖十七年進士，累官南京兵
　　　　科事中、山東參議、總督漕運等職。其子萬廷言，按《明儒學案》為江右之學。
〔註42〕張玉屏（1501～？）名峰，字子奇，江西永豐人。嘉靖八年舉人，屢應會試
　　　　不第，歷官江浦知縣、應天府通判、南京工部都水司員外郎等職。嘗編校《心
　　　　齋先生遺錄》，付梓於江浦，對於推動江西泰州學的發展。參見吳震：《明代
　　　　知識界講學活動系年：1522～1602》，上海：學林出版社，2004年，頁95。
〔註43〕黃宗羲：《黃宗羲全集·明儒學案·師說》第七冊，南京：浙江古籍出版社，
　　　　2002年，頁20。
〔註44〕吳悌，名思誠，江西金溪人。嘉靖十一年進士，累官征授御史、刑部侍郎等
　　　　職。嘉靖十八年任兩淮巡撫，督鹽政，會王心齋與其論良知，隔年又會王心
　　　　齋於泰州，曾上疏薦王心齋入朝，未果。在（《吳疏山先生遺集·年譜》卷九）：
　　　　「先生曰：念庵聰明，凡聰明必不穩固深蓄。念庵口邀，退而作《師友成仁》
　　　　之歌。」參見吳震：《明代知識界講學活動系年：1522～1602），上海：學林
　　　　出版社，2004年，頁93。

交於十年前，又將晚年所得的大成學與其講述，可見其相當看重羅洪先。

黃弘綱，字正之，號洛村，江西零縣人。正德十一年舉鄉試，從陽明於虔臺。嘉靖二十三始任官，官至刑部主事。按《明儒學案》歸其於江右學派，載記其不願逢迎而請辭，與鄒東廓、聶雙江、羅念庵講學。黃宗羲評介其思想是：「先生之學再變，始者持守甚嚴，其後以不致纖毫之力，一順自然為主。」常與聶雙江辨。在嘉靖十二年王心齋與黃洛村等諸王門弟子在南京相聚講學。

（3）粵閩門人

薛中離，名字尚謙，廣東揭陽人。正德十二年進士，陽明大弟子。嘉靖九年建天真精舍，每年春秋祭祀陽明，祀畢即講學終月。按《明儒學案》歸其於粵閩學派。兩人以書信往來，在《與薛中離》兩人討陽明的良知之學、與商議陽明家管理之事。薛中離嘉靖十六年與王龍溪於天真書院講學。曾與羅念庵於青原山講學。在他們書信往來並未深論學術，而多重於處理陽明家務之事。

（4）陽明學人

王臣，字公弼，號瑤湖，南昌人。從陽明學，嘉靖進士。《明儒學案》未列。嘉靖五年王瑤湖建安定書院〔註45〕於泰州，禮聘王心齋主其教事，作〈安定書院講學別言〉。當時王臣轉官北上，王心齋乃作〈明哲保身論〉贈之。嘉靖十六年陽明眾多弟子聯合舉行講會，除王臣外，還有鄒東廓、羅念庵、劉師泉等人。於〈與薛中離〉的書信，王臣為救陽明之子，「得瑤湖贊決李約齋之力」。王臣作《論民錄》，但對於陽明門人多力挺，可見其尚道義。王龍溪稱讚其：「其官泰也，以州里之休戚為己任；其官於浙也，以師門之休戚為己任。」（《龍溪王先生全集·王瑤湖文集序》卷十三）王心齋與其的關係又可從王陽明給王瑤湖的信函中看出，五封中有三封提到王心齋，且王棟曾師事於他，而後才跟隨王心齋。

在同門與非同門的師友交游，我們可以觀察到：非同門方面，可見王心齋與甘泉學派的交游是較河東密切，王心齋對於湛、與洪覺山對王心齋學術的交融與認同是相當融洽。王心齋的書函中一部份是與為官者為友，與其討

〔註45〕大陸學者研究泰州學派有人往前追溯至宋代胡瑗所蘊的文化基因，這是以地域性文化為考量，本文乃基於學術的角度，故對此部份持保留，這大概出於對「泰州學派」的定義有歧異。可參蔡文錦，〈泰州學派宋代開山祖——胡瑗〉，《揚州職業大學學報》，第5卷，第3期，2001年9月，頁1～5。

論良知學。同門方面，王心齋與江右之士往來較多與密切，並且不僅書信，就會講的共聚仍多於浙中，鄒守益尊王心齋，與歐陽德以道義相尚，對羅洪先的看重。王心齋與浙中的交游，除與龍溪有實際會講與共遊外，緒山並未有見，而王心齋與兩人的信函多是針對學術的討論主。由此可知，蓋對王心齋的交游行為與態度有明確的分辨。又據《明儒學案》對於講學的盛況有如此的描述：

> 南中之名王氏學者，陽明在時，王心齋、黃五岳、朱得之、戚南玄、
> 周道通、馮南江，其著也。陽明歿後，緒山、龍溪所在講學，於是
> 涇縣有水西會，寧國有同善會，江陰有君山會，貴池有光岳會，太
> 平有九龍會，廣德有復初會，江北有南譙精舍，新安有程氏世廟會，
> 泰州復有心齋講堂，幾乎比戶可封矣。而又東廓、南野、善山先後
> 官留都，與起者甚眾。略載其論學語於後。其無語錄可考見者附此。
> （《明儒學案·南中王門學案一·前言》卷二五）

黃宗羲將講學活動的交游可分為兩階段：前階段是以王心齋、南中學派等為主，戚南玄〔註46〕、周道通、馮南江未列入學案，而後階段是以浙中學者也加入，使講會活動更加活躍，其中江右學者因官職於都，而歸從於其學，理與勢相合則使講學與致學有最好成效。以上，由微觀到宏觀看到王心齋的交游，但其後學往來又如何？

二、縱向：泰州學派的形成

一般研究王心齋或其後學多直接據《明儒學案》所提之脈絡下研究，或以研究者的意見為據，故對於問題無法脫其所局限，或總覽泰州之學，故吾人欲由微而宏的展開細察王心齋之學脈，如此才可找出或評論其學的發展與問題。首先，據《遺集》文本的表述有三種方式：以門人、諸友、與具體對象，門人與諸友是對全體而言，是呈顯王心齋整體的思想，無法觀察出門人的往來；而具體對象則是有特殊性，以對象的問題為應，則可以就其內容瞭解是否為其門人。另外，又從友人的記載中瞭解其間往來。在對照袁承業所整理，有些可據《年譜》知道是何人的有：林春、徐樾、朱惟實、朱思齋、宗尚恩、林養初、周良相、俞文德、程宗錫、朱純甫、胡尚寶，但若還有不知道

〔註46〕戚南玄（1492～1553）名賢，字秀夫，號南山，滁州全椒人。嘉靖五年第進士。在王門中與王龍溪、羅念庵相善。

其人：如劉鹿泉、劉君錫、劉子中。依《年譜》乃載記學者先後來學的情況（參見附錄二），以上除上列與王心齋論學者外，已羅列直接與王心齋問學者，由於人數過眾，於此僅論有講學活動者。其次，依其與直接問學於王心齋的往來關係。

（一）直接師承

據第二章已論目前文獻可掌握王心齋的門人往來有《明儒學案》中〈泰州學案〉五卷，列王心齋以下十八人、袁承業《王心齋弟子師承表》、《明史》、耿天臺、李二曲、李贄等對於泰州學派的流衍有不同觀點，不須再綴言，於此將另以各個思想家所錄的事件，與其各人的出身與經歷來觀察泰州學的學術交游，因既然王心齋是出於平民又主百姓之學，若能藉泰州之學的交游活動，可以瞭解泰州學是否宗於其旨：

參考第二章所論，又以《遺集》文本、袁承業《王心齋弟子師承表》（附錄）為核心展開，我們會發現又具體著作與顯著對王心齋學術有傳遞者是：

1. 內傳：有血親關係

王心齋之學由內傳遞於其子、其族弟、與孫，目前可掌握其後人的文獻有：《王東崖先生遺集》、《王一庵先生遺集》、《明儒王東壖東隅東日天真四先生殘稿》。這載記他們紹述其父、長、祖的思想。正如彭國翔所言：「心齋子孫三代繼承和發揚家學的思想和實踐，作為最無疑問的泰州學派嫡傳和重要組成部分，卻一直沒有受到海內外學者的注意。」〔註47〕但對於王心齋之學的傳遞上卻沒有積極的發展，連其後人王士緯（王心齋乃其七世祖）《心齋先生學譜》即未列其他三子。吾人以從學術的考量，一方面是由於著作不顯，另一方面其學術的活動不如向外傳之學，無怪研究者多略而不論。本文乃一方面對其後人除直系著名之仲子王襞、其族弟王棟的講學〔註48〕外，王心齋其餘之子從略〔註49〕。雖有學者認為泰州學的劃分不清不該直論泰州學論王心

〔註47〕參見〈王心齋人的思想與實踐——泰州學派研究中被忽略的一脈〉，於中研究院中國文哲研究所籌備處之專題演講，93 年 12 月 6 日。

〔註48〕據彭國翔整理之王心齋世系表，轉引於附錄四。

〔註49〕王衣（1507～1562），字宗乾，號東壖，王心齋的長子。弱冠與東崖一起隨父游學會稽，與王心齋從學於同門魏良政。其擅長草書，其筆跡肖如王陽明，並且與王龍溪論致良知，王陽明讚賞其「不阿諂、絕外誘，甘恬退勵、清修卓然」。王心齋因陽明南征歸里省親，東壖隨之歸理家政，以供父生計。後四方來學於王心齋，與周良相論學甚洽。王心齋歿，東壖善父志，遊學四方講

學。雖有人為其才品學足用於世而未能伸抱屈，他以守父訓：「至尊者道至，尊者身弗先慎乎德，而茍於從事可乎！」早東崖二十五年卒。目前可見其文字：詩八首、解論各一篇，其餘皆散失。

王襟（1519～1587），字宗餳，號東隅，王心齋的三子。稍長隨父游學會稽，從學於王龍溪數載。其擅長詩歌，精翰墨，守家學，時時有濟人利物之懷。隆慶三年，洪澤湖決口，殃及百姓無糧，東隅鬻產捐賑，並作《水災吟》二百餘言赴南都勸動四方助賑。隔年創立義倉、立宗會保族人之散亡。與林納為至交。晚年為孔其父行誼學術不彰，與兄東崖、弟東商請王心齋的高徒編輯年譜，後名為《語錄私繹》，請許敬庵49與聶子安作序，後因書名與許敬庵談論其由，也討論王心齋格物之學，許敬庵有此感曰：「余於是益信先生之學，其真得孔氏之傳者也。」袁承業指出當時人對其學之言：「東崖一個明道，東隅一個伊川。」著有《詩集》，但原書無存。目前可見其文字：詩歌五十四首、解四章、賦三篇、序一篇。

王補，字宗憲，號東日，王心齋的四子。年十七王心齋沒，諸兄送東日從學於先父之徒朱錫，受學經聞、越時訪與父兄有學誼者請益，結識東南的賢豪，卒業歸里。隆慶三年，作《降水賦》勸上下、鄉人助賑。東日凡書都讀，上至天文下至地輿、繪圖、算術，無所不精，尤善詩歌。唐荊川經泰州曾造盧論學通宵。著有《周易解》，已散失，有《詩集》傳世，今存者不全。目前可見其文字：詩歌九十三首、序文各一篇。

王裕，一名雅，字宗化，號漁海。十歲就能文，著有《周易箋注》六卷，其書久佚，嘉靖六年十一月生，年十八卒。

王之垣，原名士蒙，字得師，號印心，私諡孝義先生，王衣之子。師事東崖，弱冠後為博士第子員，主致詩經。曾遊閩、越、吳、楚訪先人講學之跡。纂修族譜。鹽法御史彭端吾表彰：「敦義崇讓」後按院高攀枝推崇其行誼，請於朝。其著《印心行概性鑒摘題》為當時所推重，已失佚。王元鼎，字調元，一字去膺，後改字天真，號禹卿，王衣之孫。弱冠以禮記入為博士弟子員，從學於陳履祥遊歷，卒業歸。二十九歲遊武林天真山，有王文成祠，心齋配饗，其展拜後改字。曾請益於周海門，汝登於其歸時贈序，序中提及其曾與王之垣交遊，與欣見心齋之後，與述其於書院中講學情況。他搜羅先世的遺佚，輯疏傳二卷，修族譜，建宗廟，立義塾。晚年著有《大學淺臆》、《投壺譜內外品演》、《王文成文貞禺庸小傳》、《小海場志》等書今散失。目前可見其文字：詩歌雜詠十六章，其餘皆散失。曾參與輯《王東崖先生遺集》。在《四庫全書》中指出其著有《心齋類編二卷》（兩江總督採進本），「書中《綸音首簡》、《廟謨首錄》二跋，自稱艮之元孫。《彙選標題跋》又自稱艮之曾孫，刊版必有一也。是書紀崇禎四年艮從祀孔廟始末。上卷為奏疏類篇，錄嘉靖間巡撫劉節、御史吳悌薦艮二疏，並諸廷臣請從祀三疏，請諡一疏。下卷為別傳類編，錄萬曆辛丑翰林館課以王心齋傳命題，諸詞臣所擬傳十六篇。上卷之前，冠以崇禎三年諭旨一道，題曰《綸音首簡》。又載崇禎辛未會試策題一道，問明從祀文廟諸人數及艮名者，題曰《廟謨首錄》，而以鄉紳揭帖尺牘附卷末。又列諸家著述之有涉於艮者曰《彙選標題》。列公私祠祀及艮者曰禮祀類，紀元鼎聞邸報志喜詩四首，亦編其中，體例頗為繁碎。考《明史·儒林傳》以艮附《王畿傳》中，系己其終始甚詳，然不載有從祀孔廟事。今兩廡

齋之學反而應該以其子觀。

　　王襞，字宗順，號東崖，泰州安豐場人。正德十四年雖王心齋游學江浙，受王陽明讚賞，其後曾贈玉琴給東崖。嘉靖八年，隨陽明八年，乃師事錢緒山、王龍溪。嘉靖十六年王心齋有疾，四方來學者由其應之。嘉靖十八年，王心齋卒，其隔年開門授徒，一個月三次講會，聚講精舍書院。嘉靖二十七年，游學至杭州府，會講於錢王祠。嘉靖二十九年，朱卦洲、韓貞來學。嘉靖三十三年，羅汝芳聘講水西書院。三十五年，講學於閩建寧府。三十九年，與王心齋門人周良相論學。四十四年，會講於金陵，耿天臺聘其督建泰山安定書院，隔年周思兼來學。隆慶元年，王心齋門人都事其如王心齋，耿天臺祀王心齋於安定書院。李公麓推薦於朝，但其力辭。三年將王心齋遺稿付梓傳世。六年，受春台蔡公聘於蘇州講席，林訥、儲歧來學。萬曆二年，耿天臺遷為南京戶部尚書，聘其主會金陵，發明先學格物宗旨。四年，程學博、蕭景訓推耿天臺德意，特建海陵崇儒祠，復祀王心齋，由其理事。六年，會講於崇儒祠，每會五日。隔年兩淮運判徐公燊，宗弟宏道、宏器，姪俏修、年伍頒來學。十年，尹樊遺庠王兆鷥、劉崇正聘其於別署，十日一會，尹釋政便服受教。十四年，高郵州水災，其遂罄產償。在《王東崖先生遺集》中，王襞交游除門人：王樂庵、江右胡直等人外〔註50〕，還與僧人玉芝和尚，這與似同於王龍溪，不見於王心齋有。在王元鼎作〈先生行狀〉中提及耿天臺祭其墓，焦竑志其銘，周海門慕東座奉祀其神位。後與林春、徐樾配享於崇儒祠。有見於《明儒學案》，黃宗羲對於其學的評論：「細詳先生之學，未免猶在光景作活計也。」焦竑在《王東崖先生遺集・原序》表述其觀察學術，其曰：「兩湖自得之味深，東崖弘道之力大。今東南人傳王氏之書，家有安豐之學，非東崖羽翼而充拓之，何以至此？」耿天臺曾曰：「心齋無東崖不能成其聖；東崖非心齋造不出這個人來。」〈先生行狀〉黃宗羲從外部觀察其學，耿天臺、焦竑內部的觀點對其的讚揚，可見兩方的所持的立場極不同。

　　王棟，字隆吉，號一庵，維揚泰州姜堰鎮人。他曾師事王瑤湖，嘉靖六年於林東城之後師事王心齋。當時王心齋已講學二年，已有《鰍鱔賦》、《復

　　　　俎豆，亦無艮位。不知元鼎何以有此書也。」(《傳記類存目二（名人下）・史
　　　　部》卷六十)
〔註50〕〈次羅近溪〉、〈答秋曹漳州陳文溪書〉、〈答歐寧親丁二尹書〉、〈復雨田潘州
　　　　尊書〉、〈答王毅齋書〉、〈寄蔡春台翁書〉。

初說》、《明哲保身論》等著作。嘉靖三十七年，應歲貢於江西建昌府南城縣，被聘為主持白鹿洞書院、南昌正府書院，後又創立太平鄉等處，是以集聚布衣的講會。還歷山東泰安州、江西南豐教諭，都有許多信從者。在隆慶二年，建山東會、建義倉，完成《會學十規》、《會語》的著作。隆慶五年，他名動當時，撫院推薦，為深州學正，後歸里。隆慶六年，開門授徒，凡有遠近眾多信從，創立歸裁草堂，作《會語續集》傳世，又創作族譜遺稿。萬曆三年，創宗祠，制祭田、定祀典，著《祠堂祀事》。萬曆四年，被州守聘為主會泰山安定書院，與士民論學。州守建吳陵精舍祭祀王心齋，由王棟督理。在其《年譜》評其思想：「受格物之學，躬行實踐，遂有所得。……闡發家學益明。」其學術不見於《明儒學案》。在孫之益於《王一庵先生遺集‧原序》論其學術，云：「心齋王先生倡道海濱，講良知而首重孝弟，論格物而推本修身，其從游者莫不服其數，而族弟一庵尤信之篤，體之深。吾嘗考一庵之行，實能孝親友弟；誦一庵之言，不外誠意修身。」在《王一庵先生遺集》中所見有實指的交游對象是同門有李宗德，還有李一吾、董落山、李敬初、湯從吾。相較於王襞其交游範圍是較小。鄭志峰認為「由於官職低微、家境貧寒，王棟在士大夫中的交游圈子極其有限，除了自己任教之地有限的生員之外，他只能在太平鄉等地『集布衣為會』」〔註51〕。王棟承繼王心齋的理論，但卻未有得力的弟子可以來傳遞，亦或許只能深入百姓社會之中。

由上，我們可知王心齋之子僅東崖、隆吉主於哲學，其他兄弟學術多主文學，且因著作多散佚，即便有哲學之著作《周易解》、《周易箋注》等無法傳世。宗紹王心齋的格物之學有：王棟、王褆，實際有講學活動是王襞、王棟，其於都是遊學與交游。皆承先世之志，重躬行實踐：修德行、建宗廟、修族譜、勸賑、設義倉等以濟於民。在被請於朝，唯有王之垣。王心齋之子從學皆以陽明之門人與王心齋之門人。交游之友有南中唐荊川、甘泉許孚遠，浙中周海門、王襞門人。於此，可見何以研究多以王襞、王棟之學為傾，有關兩人的哲學論述將於第五章泰州的群己型態中論析。而內傳之學實際是說明王心齋的躬行實踐思想的實行。

2. 外傳：無血親關係

在外傳上，據袁承業《王心齋年譜》、《王心齋弟子師承表》人數之眾，

〔註51〕見鄭志峰：《王學與晚明的師道復興運動》，北京：社會科學文獻出版社，2004年，頁220。

無法一一盡列，且其中有許多人平民或是無見於經傳。在《遺集》中提及之門人朱豐（思齋），並且在書函中得知林子仁與徐子直的書函較其他人多，內容都涉及王心齋核心思想；另外，據附錄三的表列，《明儒學案》、《王心齋弟子師承表》、《明史》、耿天臺、李二曲、李贄等人意見，多數共識是：林春、徐樾、朱恕，又從前已提及朱錫（純府）、聶靜（子安）、周良相（季翰）等人。林春、徐樾兩人是符合嚴格義的師傳，而再審視朱恕、俞文德、顏鈞：朱恕只見於《明儒學案》，且無著作不知有否發揮傳遞之責；俞文德見於《遺集》但不見於《明儒學案》，與朱恕相同無著作；李二曲與李贄二人認為顏鈞也是師事王心齋，我們從《遺集·年譜》中未見，也考《顏鈞集》，在顏鈞〈履歷〉：「有緣先立徐師波石之門」、〈明菱八卦引〉：「仕學於波石徐師於燕城」內證已充份說明兩人之誤。綜上，我們可知主要扮演外傳王心齋之學是林春〔註52〕、徐樾。在此以其各人之身份與經歷觀察他們的交游：

（1）林春的交游

林春（1498～1541）、字子仁，號東城，泰州人。家貧，佣王氏為僮。王氏見其慧，使與子共學，刻苦自勵。嘉靖壬辰舉會試第一，歷戶部、吏部主事。在《遺集·年譜》中記述林春是第一批來學之人，同時還有王棟、張淳、李珠、陳芭等數十人，當時王心齋發易簡之旨與作〈樂學歌〉。他與王心齋的互動除信函外，王心齋答其信函有六封，但對照《林東城文集》兩封書函之內容，皆與王心齋所答無關，可知此乃另外之書函，在此書中其表陳自身對於良知工夫的體知，另一封提到昨天當面學習時的感受，還提及王棟聞教幾欲淚出。對林春往往在與友論學時，常提王心齋的觀點與其學旨，還於《林東城文集·祭心齋乃翁》中看到王心齋對他的教導是：「善誘時警、誨愛循循，教傳良知、旁引曲譬，六經諸子公斷正據，天假至教大覺我迷失。」林春對於王心齋的良知之教深深受益，也奉為龜臬。

他與陽明學人、其他學派往來頻繁：在《林東城文集》是由王龍溪提序，其中論及唐荊州、又述及林春與自己是：「知東城者莫如予人之相知」，又可見〈憶龍溪〉與十一封兩人相通之信函，其中林春分享所學之得與論學，可反映出兩人之友誼。嘉靖十八年羅念庵〈冬遊記〉中表述，其與龍溪論學、又

〔註52〕吳震：《明代知識界講學活動系年：1522～1602》一書未納入《林東城文集》，其中載記許多與之往來的士人，可能緣於其以為此資料僅於台灣中央圖書館，孰不知於泰州圖書館中亦存。

與林春約往探視王心齋，並帶門人與士友向念庵問學。林春曾為《東廓文集》寫序。他同羅念庵訪唐荊川而未見到其，他因此事寫下韻文，又於書函中述及兩人交誼與龍溪書來欲金山聚會之事，並討論：處中坦然是則語之中正無險邪的修養工夫。他與湛甘泉信函可見一封，是以問人之真偽。給戚南山一信中，表露知其母殁之哀，並問其對於居喪仍講學的看法。給王瑤湖的二封信，一封表述同志相責對自己的影響，並對「惟識有所在分有所歉，心之其然而不能然者，則固委曲以盡此心」抒發誠之義；另一封則告知現況，並論從心齋所學之得，又提訪薛中離、龍溪未遇，表述個人安於性分之樂。回復洪垣的信函，與其討論有關興化糧稅加於其州，並報告相關概況，另一是還是討論朝廷鹽政禁鍋敝止大鹽的政策對鹽民與商人的力影響。給蔣道林書中，表述對其家人的問候，並告知近來所學與關注的事。給呂涇野書中，對於母疾深責，也困於一體之「仁」的知行上，他以自身「求仁近覺求之頗難」之例與如何自省問其是否為「仁」。在〈答歐陽南野〉的書函中，與其討論今學者提出其觀察他們於本體上未見之真，只於體面上較分數，認為這可自省又可觀人。在〈簡薛先生〉的書函中，其以小子自稱，表述因薛中離之教使其終身終日先做工夫。

林春與同門的往來：回答朱思齋的信函，相互討論其學他提及王心齋的真見，其曰：「心齋師云：上達境界不外下學有得，非得自外；得於心而必有事焉，勿正勿忘勿助長也，此真得也。」給徐樾信函為官的處境，「然識有未盡勢有未能」提及王心齋教導與自身而知道：「惟以正自守不求人之，不求人意，以正事之而已。」又表述自身有「喫力有許多顧惜計較之私，雖其良知之不容己」他對於工夫自然有疑，面對自身問題還是及於功名，他也請益於大洲、孟坡、少岩、鳳崗等同志對於討論。回答朱平齋（惟實）的信函，告訴他如何「己自重，人疑忌不可悚懼」的日用工夫。給蔣拙齋之信，述及因母病無法與會，並討論聖學觀與師門宗旨「親師取友」為第一事，以提醒其成見與成心不是真理。在〈簡翁東崖〉的書中，先感謝於壬辰的禮遇與其弟子之接待，後告知近來的學習：「日來工夫惟於平等上實際去做去」，並讚揚林東峰〔註53〕、陳碧洋是天下良友而到其居相近。

在信函中還發現林春給趙貞吉，其中語漏自省不如其之處，並於信末以「奉將下敬」，乃是其下輩，依黃宗羲依李贄之言細察其學術思想判得之於徐

〔註53〕在《遺集·年譜》中記載嘉靖十三年林東峰曾訪王心齋，兩人一同會講於泰州，又同金山東峰。

樾。其他與其交游者：在〈簡林退齋〉的書函中，林春提及自身的良友：王龍溪、蔣道林、林東峰、陳碧洋、戚南山、徐波石。在〈復曾石塘〉的書函中，其問林春是否從母命家居，其告之己見，又請其質於湛甘泉、王心齋、王龍溪。還有些友人無法一一盡筆。〔註54〕

綜上，從其書函的內容與對象概可知悉其學述交游情況，如無法親往則以信函相互問學，《林東城文集》未有年譜，所以只能藉書來瞭解林春的交游，概略可知：對王心齋是既尊敬又奉行其旨，所以與人論學必提其師的觀點，才表述自身因此所理解和體知是如何；在陽明門人方面，與王心齋所交游的人是相重，在書中彼此不僅論學，還討論各自家中之事，但是以晚輩的立場表述請益，可見交游的密切；林春與王龍溪的交游相較其他門人他是更重視，他與王龍溪關係近，除表述他對於王心齋之學的信從，對於不能接受王心齋之學者（季彭山），針對其對王心齋之誤見辯護，如「將自見意思硬作主張，約見道體如此，以自立說非虛心下問相觀相下者也。」《林東城文集‧簡王龍溪年兄》或與其談論見徐樾之感。其中林春與楚中學派蔣道林的往來，是較王心齋擴大其交游範圍。對於王心齋門人的信中，多是在為師澄清觀點，說明自身的理知，表露平輩間的相友。

王義對林春之學也相當敬重。林春對於當時士林所崇敬是湛甘泉、王心齋、王龍溪，他的益友是、蔣道林、林東峰、陳碧洋、戚南山、徐波石。他與徐樾直接的書信雖只有一封，但他對於徐樾的友誼可見於〈又簡王龍溪年兄〉中表述其所認為的徐樾言：「見波石快樂不自禁」、「波石之灑然真忘情於世故者」，兩人的討論相較其他同門是較深入。《明史》：「縉紳士講學京師者數十人，聰明解悟、善談說者推龍溪，志行敦實惟東城及羅念庵。」但於此林春對羅念庵之見是「甚和粹可親，時見其收斂工夫」「和粹真聰明之不禁者」。黃宗羲認為林春可能未必是泰州的入室，所以評其：「蓋無泰州之流弊矣」或許其未見《林東城文集》，否則可能不會下此斷語，也或其突顯劉宗周的重「意向」，故據其事宜而有此評論，因其似未收羅其文。

〔註54〕按附錄二袁承業的整理，可知其往來者同門者，但由於其仍有缺，故此待由餘之時再一一考證，如下：朱畫崖、周陸田、李子實、李澄江、沈淵泉、陳見吾、陳豹谷、王柏林、劉愛山、陶鏡峰、蕭忘味、曹思齋、陸鶴瞿、孔文谷、楊方洲、須憲長、婁用卿、余伯文、朱汝乘、叢道夫、王叔脩、林巽峰、周子真、凌真卿、李一川、唐東池等人。

（2）徐樾的交游

徐樾（1498～1541），字子直，號波石，江西貴溪人。在《遺集・年譜》中記述其是第三批（嘉靖七年）來學之人，同時還有王心齋招俞文德，與同鄉張士賢，又載其嘉靖十年又來學與王心齋的師友之間互動，王心齋針對徐樾性格，對其曰：「汝亦放輕快些。」因持益謹而導致遺一物。王心齋答（被動）和與（主動）徐樾的書信各二封，相較於少於林春，但信中多談論王心齋的核心思想：「百姓日用不知」、「精則一」、「率此良知之學保身而已」、「大成之學」。他晚於林春就學，但《遺集・年譜》卻依《明儒學案》載記兩人互動而無林春與王心齋，又不見林春《年譜》無法得知，然卻可以推臆黃宗羲對於徐樾的學術肯定其對於王心齋之學扮演相當重要的地位。但由於文獻不足知其詳細往來〔註55〕，在〈冬遊記〉中記述嘉靖十八年羅念庵來訪，至金山未遇徐棚，但查《念庵文集》卻無兩人的書信往來，反而有〈與羅近溪〉。

在《林東城文集》中有徐橄與羅念庵曾至泰州訪林春。在（《肝壇直詮》卷下）記載嘉靖二十三年羅近溪與徐樾、顏中溪、王西石、敖夢波、譚二華聚會於靈濟宮。在《歐陽南野先生文集》中有與徐樾的書信往來，歐陽南野同意於「淑人者，忘己為先能自得，師則可以師，天下望之厚而教之至」但提出一般人的問題是出於「自見其善莫於自見其不善」易於心蔽，其願能與〃諸友多會聚、交警互惕，相互提出各自所見的不善。在《顏鈞集・自傳》中表述徐柵門下已趙貞吉（號大洲，內江人）與敖銑（號夢波，高安人），引其同門，師徐樾三年。而徐樾言其學源於王心齋之門，嘉靖三十年徐樾戰歿，顏鈞至滇南沅江收徐樾碎骸葬於王心齋墓旁，這段可符合於《明儒學案》所記述。

據黃宣民編其年譜是於嘉靖十五年，師於徐樾，而於嘉靖六年時徐樾曾於王陽明至南昌途中請益，有關自身打坐經驗是否是有禪定意〔註56〕，陽明亦以舟中與舟外之光為喻示之。《明儒學案》據王心齋於徐樾的論學內容檢視其事跡評斷，曰：「既以受降一事論之，先生職主督餉，受降非其分內，冒昧一往，即不敢以喜功議先生，其於尊身之道，有間矣。」而不是以學術內容評徐樾，以其行為是不符應王心齋的尊道與身之論，但此存錄其語錄。但對林春是以唐荊川的評語為據。綜上，對於徐樾的交游，緣於文獻的缺遺，故僅

〔註55〕黃震：《明代知識界講學活動系年：1522・1602》一書也未納入，故僅能據《明史》、《明儒學案》有論及其的文獻瞭解。

〔註56〕《顏鈞集・顏鈞年譜》，頁121～122。

能從其師、其友、其門人的記載組構。對於徐樾交游於陽明門人方面是羅念庵、王龍溪、歐陽南野，同門之友則是林春，其門下則以有：趙貞吉、敖銑與顏鈞。相較其師友的交游範圍是小於林春。

（二）間接師承

在直接關係所論，將衍生間接師承。在內傳上，王襞的門人有：朱卦洲、韓貞來學、周思兼、林訥、儲歧、兩淮運判徐公燚、宗弟宏道、宏器，姪儲修、年伍頌等人，其中只有韓貞可見於《明儒學案》；另外，《王一庵先生遺集》視其交游無特出的門人。在外傳上，考察林春書函中，可能是其門人者也無顯著的可傳授其思想者；再考察徐樾，可見其門人顏鈞（前言）、趙貞吉（學案二），其亦列於《明儒學案》，與黃宗羲所論同。又因學脈愈發展，必然越龐雜，故將其分為狹義與廣義，基此，以下展開他們的交游：

1. 狹義

（1）次傳

韓貞，字以中，號樂吾，興化人。以陶瓦為業。《王東崖先生遺集》有許多兩人往來的書[註57]，在數量是多於相較其他，在內容上有友誼、論學、借景抒情。在王元鼎為王襞的〈行狀〉內也指出：「徹有殊行，是門中之最著者。」在《韓樂吾先生遺集‧行略》[註58]中，記述十九歲時聞朱恕講學而棄佛歸儒，在二十五歲時朱恕引見其至王心齋門下，但門下士嘲笑其，其提詩於壁，王心齋見詩問知韓貞，而實際肯認他的是東崖，其曰：「繼吾道者，韓子一人而已。」並製儒巾深衣、賦詩贈之[註59]。在二十七歲時，他歸還儒巾深衣又遭眾友譏嘲，且痛打毀其衣巾。其曰：「自從朱師學得勤字，今從王師學得真切……掘兄與伯母一家得所盡得子弟之職，然後再去問學，豈敢惰其四肢以失孝弟，虛頂儒巾作名教之罪人耶，兄為之悟。」韓貞著作是以詩、吟的型式，與王襞給其的文字型態相類，他給王襞的書信有〈答王東崖

[註57] 〈寄昭陽懷韓以中二首〉、〈再詠寄韓以中二首〉、〈問病樂吾〉、〈答韓以中雪中之作〉、〈答以中別居之作〉、〈以中別後之雪〉、〈送樂吾韓生訪友二首〉、〈和樂吾韻勉殷子實二絕〉、〈送韓樂吾歸室〉等，與同期問學朱卦洲只有〈和閱朱卦洲韻二首〉。

[註58] 黃宣民將《韓貞集》收錄於《顏鈞集》之後，與吾人於泰州圖書館所收《韓樂吾先生遺集》乃雍正抄本。黃宣民則考萬曆本與雍正本。

[註59] 與《王東崖先生遺集》中之詩作未重。其曰：「莽莽群中獨醫兼，孤峰雲外樣青天；鳳凰飛上梧桐頂，音響遙聞億萬年。」《韓樂吾先生遺集‧行略》

師〉與〈次東匡王師韻〉〔註60〕，兩文中皆可空的思想，其中言：「誰識心空一芥多，碧月剛中同鶴舞，白雲影裏聽漁歌。我家原在天住，不落堯夫十二窩。」《韓樂吾先生遺集·次東匡王師韻》，他還作〈答韓西疇〉、〈答靜軒上人〉、〈答問三教〉，基此，可知韓貞近禪，以空言心，有超出世俗的傾向，但王襞卻不同，王襞於〈答以中別居之作〉曰：「瘦骨先生聳兩肩，不將寒相著人憐。雖於塵俗全無氣，恐與神先夙有緣。每對賓朋林下坐，豈曾酒盞手中寒。消磨世界如流水，還我青山不改遷。」前四句是對於韓貞的描述，後四句則是王襞自身的表述，可知兩人的終極關懷是不同。韓貞的行誼雖有於急於濟助人；但究其終極關懷雖型式歸儒但其實還是佛。在〈行略〉有張樂我、貢受軒會於武林陽明書院，二人為博士願同於韓貞學，又致書問學：「僕教諸生專以詩文為務道學二字，為時所忌絕口不敢一談竟如何？」而韓貞之後學多直言其為心齋先生的傳人〔註61〕，而不言王襞，無怪後人都責備王心齋。還與與王心齋門人周良相，韓真給其詩者，不盛枚舉〔註62〕，故無法細考，但韓貞主張棄富貴名利見空心，其詩文中處處可見出世的思想。在《明儒學案》所陳乃據耿天臺《陶人傳》所述，但耿天臺以「諸公咸為楝息」，與黃宗羲以「在座為之警省」在語用上不同。值得注意的是黃宗羲未評朱恕、韓貞之學，但兩人列於王襞之後。

顏鈞（1504～1596），字子和，號山農，又號耕樵，江西長新縣人。從師於徐樾年，於後顏鈞自述其亦當面就教王心齋（一年），且授其大成學〔註63〕，若對照王心齋的著作在〈與徐子直〉書中乃僅表述其將大成學授與徐樾，據

〔註60〕 蔡文錦認為其是師於王心齋，但若參《遺集》或《王心齋年譜》都不見，反而王襞中可見，尤其後引李二曲列其傳也是以師於王襞，吾人以為其真正的師友是王襞。見〈泰州學派的平民哲學家一論陶匠哲學家韓貞〉，《鹽城師範學院學報》（人文社會科學版），第24卷，第2期，2004年5月，頁22～25。

〔註61〕《韓樂吾先生遺集·行略·補興化縣題振古豪傑額跋文》。

〔註62〕 董子儒、沙子賓、葛槐泉、盛子忠、魏東崗、劉朝裕、徐國明、王中和、黎恭臣、孫玉峰、任復軒、東春子、朱準夫、徐子盛、江愛君、王雲衢、瞿南溪、趙如蛟、朱平夫、顧朝元、劉守恒、孫迎樓、金城齋、劉從善、龐文振、韓西疇、宗子相、陳西川、儲翠峰、林白宇、許學博、李相國等人。

〔註63〕 其曰：「鐸歷歷呈叩，心師申申振鐸曰：孔子學止從心不所欲不逾矩也。矩範《大學》、《中庸》作心印，時運六龍變化為覆載持疇以瀝世。子既有志有為，急宜鑽研此個心印，為時運遞世之造，會通夫子大成之道，善自生長收藏，不次宜家風鄉邦及國而天下也，亦視掌復如子之初笄萃和會三月矣。」《顏鈞集·自傳》

黃宣民考證顏鈞時值嘉婿十八年（1539），參考附錄五王心齋已作〈大成歌〉，王心齋多病，只有稱「四方就學日益眾」未如前記載顏鈞，而書信中又以「俟面講不備」，因此，這裏無法互證可能要須持保留。在《顏鈞集》與《近溪子集・續集》皆記述嘉靖十九年顏鈞獲王心齋卦訊，講學於江西南昌同仁祠，揭急救心火榜，羅近溪聞言拜入其門下，在〈自傳〉還提及當時其他入學者：朱泗、朱洛、王白室、陳源、吳煥文、黃元輔、鄭以成等人與其親友邀其講於南昌市漢、新波灘頭，兩地共聚六月。嘉靖二十三年秋天，顏鈞帶羅汝芳會講於京師，其招信從：若譚綸、陳大賓、王之浩、鄒應龍等四十七人，秋兩人至泰州心齋祠，先聚於此講學三年，其述是受王心齋之子所肯定：「若師嗣王襞亦幡然信及父師學脈。有窯夫姓韓，名貞，號樂吾，隨從半年，深能默契實力。」顧參及《王東崖先生遺集》與《韓貞集》，王襞在鄉但未記載此事件，從王襞與韓貞的關係檢視，我們會在兩文本對於韓貞入門的時間有出入〔註64〕，儘管如此單就韓貞正值三十六歲在鄉立學，無載記此段。此單方記述可能要以名人效應以彰顯其思想，藉以達傳遞其學「大成之旨」。其中他講學活動歷泰州、如皋、江都、揚州、儀真，時作〈揚州同志會約〉二十五年在泰州、揚州傳講，門人陳源棄館從學。二十六年會江西，應羅汝芳之邀赴南城，過金溪會吳悌，作〈新城會罷過金溪縣疏山遊記〉記述講會的盛況，又參《何心隱・梁夫山傳》鄒元標記述只言丙午郡試後聞泰州之學，未確切說明故只能推知何心隱師從顏鈞是於這時期。二十九年與趙大洲至廣西貶所，三十年聞徐樾計聞至雲南沅江，三十二年作〈告天下同志書〉至南都會講，〈自傳〉中述及南雍程松溪（太司，名文德）、呂巾石（少司，諱懷）率監士四百眾聽講六月。顏鈞自己認為歐三溪（名愉）是摯友（交情不變），程松溪是知音。三十五年與羅汝芳同至北京參與靈濟宮講會，徐階還邀何遷，在〈自傳〉其稱為主席〔註65〕，此時羅汝芳引薦顏學程〔註66〕。三十六年南下經滄州、河

〔註64〕《王東崖先生遺集》與記載韓貞是於嘉靖二十八年，而《韓貞集》是嘉靖十二年入於王襞門下，但兩者都肯認其，故可知兩人關係。

〔註65〕正如黃宣民考，羅汝芳之說是建議由徐階主持以及羅「娓娓發明」是較近事實。

〔註66〕可見《顏鈞集・程身道傳》有其記述，嘉靖三十五年與顏鈞會談靈濟宮，三十六年擢為應天推官，三十七年作《衍述大學中庸之義》述其學與論顏鈞大中之學之要義。三十八年救何心隱，兩人一道入京。其於隆慶五年殁。就其與何心隱相較：其從學至卒共歷十六年，何心隱從學至卒共歷三十年，相較為短，而顏鈞對顏氏之評：「若學顏之及門也，善悟善學，殆近溪所未及者。」且授大成之學，而未提何心隱。

間、獻縣、茌平等沿途講學。三十七年南下途中程學顏追訪，於舟傳授大中之學。四十五年受誘至太平府講學而入於南京獄中，其述是因耿天臺系梁汝元門生而赴，為耿天臺擒獲。隆慶二年才為羅汝芳偕門生營救，羅作〈告揭詞〉並募款付贖金[註67]。於三年入戍紹武至五年五月乃歸永新。九年作〈論大學中庸〉、十年〈自傳〉、十七年作〈履歷〉。《明儒學案》：「以戍出，年八十餘」，按其牌文載記時值六十八歲。在《顏鈞集》為其會所制定的〈道壇志規〉[註68]，其內容還是以儒家所宗孝弟與義利之別，但其型式卻是以道教為包裝，仍以學為宗旨，其宣講的方法，無庸是讓人聯想是民間性的宗教[註69]。

趙貞吉，字孟靜，號大洲，四川省內江人，卒後贈少保，諡文肅。嘉靖十一年進士，累官禮部尚書，位文淵閣大學士。據在《肝壇直詮》二十九年與羅近溪相會於南京講學，後被謫至荔浦典史，《明儒學案》記述顏鈞隨行，但顏鈞於《自傳》中未提。隆慶二年其與沈懋孝論《易》。其著有《趙貞吉詩文集》。據官長馳[註70]。對其考察，其仕途是幾經風波，經歷庚戌之變和隆慶和議，而學術是主張溝通三教，原擬撰《經世通》、《出世通》但未成書，然耿定向也作一則〈出世經世說〉[註71]可見其內聖與外王的問題在明晚期是一個重大課題，儒者往往藉出世與經世之分別，對儒佛區判、交戰與試圖調合兩者。

[註67] 顏鈞記有南京吏部顧柱崖、王襞、國子祭酒姜寶、應天府尹畢鏘、同邑宗伯尹等八十餘人，又可見於其〈著回何敢死事〉一文中提此經過。

[註68] 六道即是六達，是宣明立壇之意，顏鈞言：「其一曰：自立宇宙，不襲今古，此可以登道壇之人。二曰：清天白日，人皆見仰，此可以立道壇之心。三曰：肩任聖神，萬死不回，此可以同道壇之志。四曰：默視天性，以靈於視聽言動；鼓運精神，而成睟盎禮樂，此為道壇之學。五曰：孝弟謙和，修斬義利，此為道壇之德。六曰：持載覆幬，善養不倦，此為道壇之」《顏鈞集》，卷四，〈道壇志規〉）所謂的六洗，是指似同宗教中洗禮之意，但對顏鈞並非為教儀，而是以明心為要，以清除惡習，聚學風氣凝聚，顏鈞言：「是故一洗農心厭倦，講晰不明，引道不循，知人不哲，致衒六道，不時中庸。二洗願學多士，世情俗懷，毋入言動隱顯，言動毋違六道，違者急裁，毋致縱蹓。三洗遠進會友，先須聚講三月，使心志有定，方可歸省；嗣是一月不到壇者，遣友救正，毋縱索離。……」《顏鈞集》，卷四，〈道壇志規〉）

[註69] 關於顏山農的思想研究在〈顏山農的心性問題〉一文已探討，《哲學與文化》，第 363 期，2004 年 08 月。

[註70] 官長馳，〈趙貞吉詩文集（點校本）前言〉，《內江師專學報》（社會科學版），第 2 期，1989 年，頁 16～19。

[註71] 見（《耿天臺先生文集・出世經世說》卷七）耿定向藉著胡直給趙大洲的書函內容表明禪學以出世，而聖學是以經世，耿定向認為聖人以「全」，即亦必須「出世而後能經世，其次皆隨世，以就功名者耳，又其下則皆混世。」

據《耿天臺先生文集・里中三異傳》中提鄧鶴，字豁渠，號太湖。曾師於趙大洲〔註72〕，後往雲南楚雄，見李中溪後落髮出家。劉宗周認為趙貞吉的學術是近於羅念庵，其曰：「趙、王鄧先生，其猶先生之意歟？鄧先生尤精密尤甚，其人品可伯仲先生。」而黃宗羲則其與徐魯源的對話，將其評定為宗門作用，有以友人不以禪為害的對話，以禪宗之流渦仰以圖相創立宗旨評定其其學。可知兩人的評斷的基準不同，前者以楊儒之別，後者以儒佛之辨，在《四庫全書總目・別集類存目四》中對其評為：「貞吉學以釋氏為宗。姜寶為之序曰：『今世論學者，多陰採二氏之微妙，而陽諱其名。公於此能言之，敢言之，又訟言之，昌言之，而不少避忌。蓋其所見真，所論當，人固莫得而營議也。』其持論可謂悍矣，而錢穆從宋明理學大傳統論，「在闢佛，尤其在闢佛學中之禪，縱有喜近禪學的，但以儒學正統而公開自認為禪者，則似乎貞吉以前還沒過。」〔註73〕若不嚴辨儒佛，參《明儒學案》所附之文，我們可悉趙氏乃是寬容、開放者，是一個批判名教的儒者，但也不可諱言其語言的使用時有滑向於道、佛，如太乙、解脫、覺，但其仍認同與紹述堯舜之志，在其行動上則為社稷，李贄對他相當推崇。

綜上可知，韓貞所傳對象多是百姓不見其名，又不見於經傳，故不傳，且其思想乃將儒學禪化。顏鈞從徐樾之學三年，而師有早歿，其學於其《顏鈞集》中多雜入民間宗教性，亦使王心齋之學開始偏移，雖收許多門人，但他真正常偕是羅近溪，顏學程早歿；而其因何心隱受獄，因此，可審視兩人之交游。羅汝芳跟顏鈞於學較何心隱久，受教亦深。而趙貞吉之傳是鄧鶴受學不深，就其學該歸於禪，故其學未傳。這階段的泰州之學一部份相應於王心齋，另一部份則與王心齋不相應。

（2）三傳：顏鈞之傳

基前所論，下列展開泰州之學三傳的交游：

羅汝芳（1515～1588），字惟德，號近溪，門人私諡明德，江西南城人。嘉靖三十二年進士。嘉靖二十二年中鄉舉，與胡直、周洞岩會於南昌的滕王

〔註72〕與鄒東廓、劉師泉、王襞，蔣道林、耿天台等交游。嘉靖二十九年鄧氏訪鄒東廓，將其脫與周都峰。嘉靖三十年至南京，訪見雲谷禪師，與論「聖人心學妙機」。嘉靖三十一年至泰州訪王襞，稱王心齋之風猶存。三十二年隨王襞往天池山，拜見月泉法師。四十二年往江西訪羅念庵於石蓮洞。四十三年至楚寄食於耿定理處。四十四年居耿氏家作《南詢錄》。

〔註73〕錢穆：《宋明理學概述》，台北：中國文化大學出版部，1980年，頁235。

閣。二十三年赴京應試與徐榀、顏中溪、王西石敖夢坡、譚二華等會講於靈濟宮。聞父疾不應廷試而歸。二十四年在家鄉見姑山房，授徒講學。二十六年赴江西省城會顏鈞、羅念庵、歐陽南野、聶雙江、劉獅泉等講學，游學四方。二十七年師從胡宗正學《易》〔註74〕。在《肝壇直詮》二十九年與趙大洲相會於南京。秋在江西省城會講。三十年歸鄉舉里仁會，三十二年及弟出任太湖知縣，作〈聖諭六條〉作為鄉約講規之補助。三十四年與王塘南會於太湖，之前兩人於京城相識，還於戊寅王訪羅於從姑山、甲申羅訪王於白鷺洲書院。三十五年上京擢刑部山東司主事，冬在京聯合同志聚會講學有：宋儀望、呂沃州、何遷、胡直、鄒穎泉，參與靈濟宮大會。三十六年又於京師與宋氏、胡氏、鄒氏等立講學會。三十七年耿天臺（私淑）與耿定理在京，與羅汝芳、胡氏、鄒氏等相與論學。四十一年在京與羅一山、劉小魯、李見羅（止修學派）、徐魯源等日夕相聚講學。四十三年邀王龍溪赴寧國舉宛陵會，又見志學書院，聯合士民、縉紳、諸生於講會，重修水西書院，聯合徽州、寧國、廣德之士大夫講學，又與耿天臺講學於南京道明書院論「作一聖人」、「明體」、「現在」等說〔註75〕。四十四年見徐階進言以講學為務，集各士卿大夫聯會於靈濟宮，曹胤儒入門，提出「人能體仁，則欲自制」。四十五年建前峰書屋，講學於從姑山，評聶豹歸寂說，為主靜之別名，會講於撫州金溪杜應奎、詹事講入門。隆慶元年至浙中與龍溪相晤。隆慶二年至南京救何心隱，戍福建。五年周流天下，遍訪同志。六年許敬庵至從姑山訪其，相論評胡直、李見羅。

萬曆元年在南京、揚州與曹胤儒、焦成、翟秋潭、李贄、甘乾齋等人聚講，講論佛學「當下」，出任東昌知府建見泰書院。二年講學於安樂縣，邑侯汪心村建鰲溪書院。三至雲南與方喝谷、李同野、嚴寅所、郭麓池相交講學。四年會講於來鳳山堂。五年自雲南上京，中途訪耿天臺，奉賀於京與劉養旦以及禪僧談弄玄機，翻客《感應書》，引張居正不悅，又與鄒南皋相待，秋與管東溟〔註76〕相會論學。六年致仕歸，時已嚴禁講學，其仍周游各地與江南

〔註74〕胡宗正（1532～1579）號東洲，又號清虛，浙將義烏人。教以「玄門造化」之術，近溪依言踐之，息心三月，若有所悟。參見吳震：《明代知識界講學活動系年：1522～1602》，上海：學林出版社，2004年，頁144～145。

〔註75〕列席者有：管志道、曹胤儒、李天植、蔡國珍、蔡悉、劉應峰、顧闕、周希旦、張燧、李登、楊希淳、焦魄、吳自新、金光初、郭忠信、吳禮卿。

〔註76〕管志道（1536～1608）名志道，字登之，號東溟，昆山人。萬曆五年進士，耿天台弟子。可見於《牧齋初學集・管公行狀》萬曆二十六年與顧憲成舉會於無錫惠泉，兩人辨無善無惡，因附和其師《大學贅言》，而顧則因二十年周

講學。九年鄒南皋舉荐其為理學名臣。十年魏敬吾、萬思默、許敬庵訪於從姑山，相與論「克己復禮」鄒南皋鄧定宇與左宗郢（龍溪第子）來訪。

十二年偕孫羅懷智重游福建。十三年於江西南昌舉會。十四年與周柳塘游歷江浙，舉興善會，與焦竑、姚風麓論「明明德」之學，應趙瀠陽之請舉南京雞鳴寺憑虛閣大會，管東溟也與會〔註77〕，門人輯《會語續錄》又於蕪湖、涇縣、寧國舉會，歸圖晤史惺堂於江西。十五年楊復所〔註78〕至從姑山入門，並為其建明德堂。劉宗周從二分之修悟看，但卻有疑如果鄧定宇與羅氏不同，何以鄧氏晚年服於羅？其評：「羅先生之所養，蓋亦有大過人者……今後之學莽蕩者，無得藉口羅先生也。」這似又反正的意謂。

於《明儒學案》與楊復所同列於學案三，依羅近溪頻繁的講學活動，又據顏鈞其觀點相參，黃宗羲以羅近溪侍顏鈞的描述是不合，尤其於隆慶二年。而其大致掌握到從學概況，判其為禪，但對其以持平論，如其表述：「以義論之，此流行之體，儒者悟得，釋者亦悟得。……若以先生近禪，並棄其說，則

海門、許敬庵對於無善無惡的問題之辨而觸發，至秋高攀龍亦參與論辨。在《四庫全書總目·雜家類存目二（雜學下）》中對其評為：「志道之學出於羅汝芳，原本先乖，末流彌甚，放蕩恣肆，顯倡禪宗，較泰州、龍谿為尤甚。其《答王塘南書》，謂『孔、顏真是即心是佛，即經世是出世，與文殊之智，普賢之行，兩不相違。』其宗旨可見矣。雖為儒言，實則佛教，今附之雜家類焉」。著有《孟義訂測》七卷、《問辨牘四卷續問辨牘》四卷、《從先維俗議》五卷、《覺迷蠡測》三卷剩言一卷附錄一卷。

〔註77〕據東溟對既批評其以大會為快之病，又與近溪相會達七晝夜，稱近溪「隱然有庸孔奇釋之意」。

〔註78〕楊起元（1547～1599）字貞復，號復所，廣東歸善人。萬曆五年進士，四年與近溪高弟黎文塘相識，因而信其學入其門。十六年於耿天台處拜入周柳塘門下，十七年與鄒瀘水在舉靈濟宮講會。二十四年與曹魯川在南京為師見祠堂復舉講會。二十五年與許敬庵在南京舉大會於神樂道院，又與曹魯川會將余永寧引入其門下。二十六年晤曹魯川。在《明史史·儒林傳·王畿傳》：「起元清修娉節，然其學不諱禪。」其著有（《證學編》四卷附證學論策一卷），在《四庫全書總目·雜家類存目二（雜學下）》中對其評為：「大抵講學之語，故以「證學」為名。觀其《論佛仙》云：「秦、漢以還，不復知道為何物，而佛之教能守其心性之法。及至達摩西來，單傳直指，儒生學士從此悟入，然後稍接孔脈」云云。其援儒入墨，誣誕寔甚。艾南英嘗作《文待序》，曰：『蓋自摘取良知之說，而士稍異學矣。然予觀其書不過師友講論，立教明宗而已，未嘗以入制舉業也。其徒龍谿、緒山，闡明其前之說，而又過焉，亦未嘗以入制舉業也。然則誰為之始歟？吾姑為隱其姓名，而又詳乙注其文，使學者知以宗門之糟粕為舉業之俑者，自斯人始』云云。顧炎武《日知錄》嘗考南英所乙注者，即起元文也。然則起元變亂先儒，其流毒且及於經義矣。』

是俗儒之見，去聖亦遠矣。」又集學者與官方之評，最後以「賓客雜沓，流傳
錯誤，毀譽失真。」羅近溪與陽明各派之人交游密切，其專於儒學僅四年入
門至拜胡為師前，後其交游之人儒佛之士皆有則開始雜入道、佛之教，勤於
講學且周游各地，對於泰州學的傳遞是相當重要。

　　外部對其觀察《小心齋劄記》中指出：「羅近溪以顏鈞為聖人，楊復所以
羅近溪為聖人，李卓吾以何心隱為聖人。」這無形也說明其師承。就其內部
的觀察，與其師相較其交游模式是士人，而其師是以百姓，其與學界交游雖
頻繁與友好，但入門者僅杜應奎、詹事講與楊復所，前兩人未見於《明儒學
案》，而只見後者，而其宗於羅近溪之學僅十二年，又拜其他人為師。

　　何心隱〔註79〕（1517～1579），原名梁汝元，字柱乾，號夫山，江西吉安
府永豐縣人。嘉靖三十八年才更名。他不同於王心齋的自幼貧切不識字，也
不同於顏鈞的早年木訥至十九歲才開悟，他早年就做生員，嘉靖二十六赴郡
試，中第一名。據《何心隱集‧梁夫山傳》〔註80〕約於嘉靖二十六年時，從
於顏鈞學習。三十二年在永豐合族聚和，並作〈聚和老老文〉、〈修聚和祠上
永豐大尹凌海樓書〉。三十九年與何心隱相見，並引見張居正，內據何心隱〈上
祁門姚大尹書〉：「張公必官首相，必首毒講學，必首毒元」，外據耿天台記述
此段乃以狂者稱何心隱〔註81〕，而他認為耿天臺與他的關係是「相敬而不相
忘」，與羅汝芳的關係是「相忘又相敬」，在此之前其稱只與錢懷蘇相與講學。
又於京結識鄒鶴山於羅近溪宅，此時其與程學博相識，稱其為講學同志。四
十年與錢懷蘇〔註82〕朝夕講，何心隱南還游福建訪林兆恩，歸途游寧國訪羅
近溪。耿天臺出命西夏臨行戒其慎行，他將送何心隱還孝感，沒多久心隱又
與程學顏之弟程學博游重慶，講學三年，作《重慶稿》。隆慶二年羅近溪至南
京救其，得免，戍福建邵武。三年往弔錢懷蘇與夏道南講學於杭州。六年與
程學博至黃安，其寄於耿天臺家中，與兩兄弟論學一年。萬曆四年兩遭緝捕，
均得避，程學博致書聲救，據鄒鶴山認為乃因「疑其結黨」，但其自覺得是無

〔註79〕關於何心隱之研究吾人曾發表〈道德自我與社會人倫：以何心隱的心性問題
　　　　為論〉一文，於台灣大學哲學系第一屆研家生論文發表會中宣讀。
〔註80〕《何心隱集》容肇祖整理，台北：弘文館5986年。此無年譜，故只能概略，
　　　　且須參及其他人的記述。
〔註81〕描述其與人交游是「即同里士紳避不見，間從必部羅汝芳氏遊。余故與程、
　　　　羅交善，時相往返，因晤之。聆其言，貌若狂癲，然間出語有中吾衷者。」
〔註82〕錢同文，號懷蘇，興化人。官至刑部郎。時與錢與丹徒朱錫南游。

可冤之事。七年張居正擬旨詔毀天下書院，其三月被捕，九月死武昌獄中〔註83〕受李贄的仰慕，視其為英雄豪傑，並作〈論何心隱〉。

於《明儒學案》與顏鈞同列於學案前，可見黃宗羲只見片斷之語，不見於《何心隱集》，其評：「蓋一變而為儀、秦之學矣」張儀與蘇秦乃是縱橫家的代表，似乎隱含著黃氏不喜威權與功利，總判其價值觀是游移不定，而引〈作矩〉及「育欲」觀，但一方面也肯定其學：「心隱之學，不墮影響，有是理則實是事。」在他瞭解到人性的基礎性的前題。與顏鈞相較之下，何心隱的心性觀與人欲觀，似又往前跨一步，而其社會倫理更是拋開儒家所宗的內層關係，主以外層關係「出身」為本，將師友論推至極端，一方面將師友論於宗族內實施，不如顏鈞以民眾。內部觀察其交游對象以師門中人為重，而救其者也是其師友，外部觀察以耿天臺的觀點，其言行是直接且不掩，以誠而言自謙與不自欺是兩行，故單有不自欺是不能為誠。言行使其人際間有間際。又可據其與羅汝芳相較，其交游的範圍是較狹窄，也不見有從學於他的門人。

綜上，在交游行為中，何心隱是過於自我，而羅汝方則能群，且不失其中心價值，這可顯於其交游者的多寡。何心隱以個人本位的自我，受制於時空中的意識型態（政治、環境），即是內外皆方，無任何緩和衝突的餘地；羅汝方群體本位的道德之我則不受於外在條件，以內在心性為調節內外的衝突，即是外圓內方。

2. 廣義：私淑

耿天臺（1524～1596），字在倫，號楚桐，學者稱天台先生，湖北黃安人。嘉靖三十五年進士，無常師，私淑鄒東廓、王心齋，可見於焦竑《澹園集·天台耿先生行狀》。嘉靖三十六年參與京師講學會，表發「無當於心」，又與仲弟耿定理〔註84〕論學。三十七年與其仲弟定論「中」，又與羅近溪、胡直、鄒穎泉等論學，其悟良知，以常知為功，也因此與羅近溪交游，而聞「直指當下」之旨，與諸南明在京論良知之學。三十九年與何心隱相見，並引見張居正。四十年，出按甘肅與弟耿定理論學，悟有無內外。至夏又與耿定力會於萬壽寺，談《愣嚴經》之風性無體。冬與胡直會於漢江，胡直以無念為宗，其「以不容己」

〔註83〕其死因有不同說法，吳震條列各家之說：鄒南皋以為死於王之垣（王心齋之孫），因講學；耿定力以為王因恨程學博而所為（解文焵同意）；王之垣則以其曾侵欺皇木銀兩拒捕，後以聚徒講學為名擾害地方，其監患病身故，李贄認為因張居正而死。

〔註84〕定理以「吾學從無極太極入，不落陰陽五行」。

為宗。方湛一〔註85〕訪其，偕其晤張居正。四十一年耿天臺西夏歸，董少溟贈
《石經》，都學南畿楊希淳、焦竑入於門下，四十二年校士吳門，悟《中庸》之
旨。遇毛介川〔註86〕述龍溪《孟子》「口之於味」章。四十三年王龍溪赴水西會
與耿天台相會，連榻數日言及羅念庵與胡清虛，冬與羅近溪講學於南京道明書
院，管東溟與焦竑亦列席。四十四年會於南京為仁堂與王龍溪等，其給羅近溪
所記徐階《教言》予龍溪，建吳陵書院，專祀王心齋。

四十五年焦竑、楊希淳、吳自新入門，南京建崇正書院延焦竑主教，又
與尹洞山、瞿景淳（師承聶豹）。隆慶三年胡直下令捕方湛一，寓書斡旋。四
年以大理左丞歸養與胡直會於赤壁，後被謫於橫州，夏廷美訪其於天窩山。
六年李贄與耿定理相識南京。萬曆二年，與鄒聚所、周友山、耿叔台於京講
學，後南返與焦竑、王襞見於真州。四年服喪里，居劉元卿訪其。五年李贄赴
雲南出任姚安太守，經黃安會見其與耿定理，李贄留女及婿於黃安。八年與
龍溪書信論學駁「無是無非」之說。十三年批點《近溪子集》。十五年徐魯源
至京邀孟我疆、孟云浦和其講會於宅，又其與張陽和〔註87〕（張居正之師）
於京舉靈濟宮講會。十六年在南京耿定理弟子瞿文炳及李士龍來訪。十九年
劉元卿訪。二十一年因沈鐵書問學，作《遇聶贅言》辨陽明四句為是。夏，與
徐思中談孟子，九月重游天台山作《重游天台》。耿天臺曾行部泰州，與韓貞
一同講學。在《四庫全書》指出劉元卿為其門人〔註88〕。

在《明儒學案》將耿天臺與耿楚世、焦竑同列於學案四。由上知他們的
關係，兄弟、師友、師徒。黃宗羲以學行的相應看耿天台處理何心隱的問題，
似有貶責：「先生不敢沾手，恐以此犯江陵不說學之忌。先生以不容已為宗，
斯其可已者耶？」黃宗羲以卓吾與耿天臺兩人的學術立場的不同，溯源於卓

〔註85〕耿氏稱其為山人，方與時，黃陂人。乃是道士，羅念庵曾與其習靜坐。

〔註86〕方湛一（1506～1570）名愷，字達和，晚號節齋，江山人。嘉靖十四年進士，
官終刑部尚書。

〔註87〕張元汴（1538～1588），字子藎，號陽和，浙江山陰。少師王龍溪，篤信王陽
明致良知，並身體力行，遂發現王學之弊，指出其流於禪寂，故漸離王學，
但也未入朱學。

〔註88〕《諸儒學案》八卷（江西巡撫採進本）明劉元卿撰。元卿有《大象觀》，已著
錄。是書輯周子、二程子、張子、邵子、謝良佐、楊時、羅從彥、李侗、朱
子、陸九淵、楊簡、金履祥、許謙、薛瑄、胡居仁、陳獻章、羅欽順、王守
仁、王心齋、鄒守益、王襞、歐陽德、羅洪先、胡直、羅汝芳二十六家語錄，
而益以耿定向之說。元卿，定向弟子也。其學本出於姚江，程、朱一派特擇
其近於陸氏者存之耳。（《儒家類存目二·子部六》卷九六）

吾恨其不救何心隱的事，此似混淆公器與私情的不同，將學術與私心一論。據其對於張居正奪情的行為，他對於何心隱之事不會由於學忌而不施援手營救。耿天臺與陽明各派之人交游密切，與道、佛之士也相與論學。就其內部的觀察，與之交游者皆是其師，但其模式還以士人為主，其與學界交游雖頻繁與友好，他在政（張居正、張陽和）學兩方的關係均融洽，入門者亦相較於羅汝芳多：楊希淳、吳自新、管東溟與焦竑，其相當敬重羅汝芳。前兩人未見於《明儒學案》，而後者可見。耿天台雖然私淑泰州學，但就紹述或傳承學術角度，他似乎較王襞、徐樾更能掌握到泰州宗旨與學習方法，然至其門人卻無法把抓，如管東溟卻引佛入儒。

　　李贄（1527～1602），號卓吾，又號篤吾，別號溫陵居士，泉州晉江人。嘉靖三十一年中舉。嘉靖四十五年其在京得補禮部司務，因李逢陽、徐永檢所誘始讀陽明、龍溪書。隆慶五年，官南京刑部員外郎，日與諸友講學。六年與耿定理、李逢陽、徐魯源、焦竑等，於南京相聚講。萬曆元年，在南京、揚州等地，與羅汝方、曹胤儒、焦魄、翟秋潭、甘乾齋聚會講學，討論佛學及「當下」的問題。五年可參照耿天臺。八年辭姚安知府居黃安，依耿定理居。十二年，耿定理歿其移居麻城。十九年袁宏道赴麻城龍湖拜會。二十年袁伯修、袁中道、袁中郎三兄弟會於龍湖。二十三年赴黃安與耿天台會於天台山，兩人言歸於好，作《耿楚侹先生傳》焚於耿定理墓前，文中述兩人同異之原。二十六年，余永寧吳世征游南京，訪楊復所，其令兩人至永慶寺訪李卓吾。

　　二十八年，其約方時化、汪本珂、馬逢日易、劉用相同訪吳明貢，李氏讀《陽明先生全集》作《陽明先生道學鈔》，其在山東濟寧得與利瑪竇會。三十年其被捕至京師，自刎於獄中。李贄是否歸屬於泰州學派，學者們的意見仍分歧：有人認為是泰州，所持論之據是李贄在南京時直接拜王襞為師，並於《續藏書・儲曜傳》指稱王襞為師〔註89〕，又受羅近溪的影響或是傾慕王龍溪與王陽明；有人認為從他的思想源於王陽明嫡傳，和現成派亞流（王心齋、王龍溪、王襞、羅近溪）〔註90〕，而在《明儒學案》又不見專列其〔註91〕，

〔註89〕侯外盧、林子秋等、島田虔次等與龔杰：《王艮評傳》，南京：南京大學出版社，2001年，頁289。

〔註90〕岡田武彥：《王陽明與明末儒學》，上海：古籍出版社，2000年，頁213。

〔註91〕龔杰認為黃氏未把李贄列入泰丹厚派是由於其寫《明夷待訪錄》時，發生清初的文字獄，在此背景下，自然不能為李贄立傳。見龔杰：《王艮評傳》，南京：南京大學出版社，2001年，頁293。

只見於耿天臺與耿楚倥的紹述。由上，他們的關係是朋友。雖學術的觀點不同，但往來密切。就其內部的觀察，與之交游者除泰州學人，還有浙中學人、喜於佛學者、外國傳教士，但其交游對象多還是士人為主，其與學界的交游相較與耿定向是較不頻繁，他不喜政治，主於學術著作，不見其門人，其重於友的關係，而不是師。

基於上述的講授活動，再對照《明儒學案》泰州學案一的排序，我們會發現黃宗羲交錯內外之傳，不以問學的先後，而是以其學術的影響決定排其先後順序，或者是否詳說。這部份讓我們清楚整個中晚明時期學人的交游活動，也清楚泰州學的傳遞與他們所關切的問題，即是原本宋明儒學內部理論的問題。心學的內聖理論，發展至泰州的嫡傳中就已顯現認同的問題，即有儒佛同融的現象，但還能不失儒學的份際，有如王襞；但發展到次傳就越往禪化滑移，如韓貞、趙貞吉；再到三傳羅汝芳，黃氏認為他本身未混，但其重要門人皆蹈入迎佛入儒之列。這顯現心學內聖的理論問題，在一竅之間，如把捉不住則易滑越到禪境。

在泰州學派的交游行為中，我們會發現士人的交游是透過講學活動進行，交游範圍愈大者，其思想多傾於兼綜各家之持長，且較具有和諧性，如果是以次數與交游，亦可發現到交游的行為透顯師友理論的特點與缺失，師友論所營造出是一種文化氛圍，而王心齋又以百姓為對象，無疑是預以反身的理論，使百姓能具有高度的道德。反觀，王心齋的社會理論在其泰州之學的傳遞上，似乎體現一部份師友論的理論與問題。除此之外，王心齋所引領的泰州還兼有心學一系理論發展的問題，陸王之後心學該走如何？也與當時中晚明佛學的興盛，和儒者所交游的對象有關，這是師友論所預留的伏筆，究竟是走向一種開放系統的新人倫關係，還是一種封閉系統的傳統人倫關係，或許我們從王心齋之後的泰州看此問題，會更容易瞭解到中晚明時道德自我與社會人倫的衝突，直到李贄批判儒學的問題，自然與名教的關係該如何？亦即泰州學的群己觀與問題，也同時揭開儒學理論的矛盾：道統與聖凡觀，聖人與經世內在理論的問題。